AF284800

Duanna Mund
und
Anton Christian Glatz

Zwischen Megacity und Dschungel

Duanna Mund
und
Anton Christian Glatz

Zwischen
Megacity und Dschungel

Zwei bildhafte Essays über die natürlichsten Dinge der Welt

V. 3.0

BoD

Bibliographische Information Der Deutschen Bibliothek:
Die Deutsche Bibliothek verzeichnet diese Publikation in
der Deutschen Nationalbibliographie; detaillierte bibliographische Daten sind im Internet über _http://dnb.ddb.de_ abrufbar.

Herstellung und Verlag: BoD - Books on Demand, Norderstedt
ISBN 9783751932554

Inhaltsverzeichnis

Seite

Vorwort   7

Teil A:
Duanna Mund
Und Gaia sprach: Es werde Mensch   9

Teil B:
Anton Christian Glatz
Krallen wir uns ein Stück Nacht heraus   119

Nachwort   211

Vorwort

Das Verhältnis zwischen Mensch und Natur ist von jeher ein Klassiker im Bereich des öffentlichen Diskurses. Was in früheren Tagen in beschaulichem Miteinander mehr Freude als Sorgen bereitete, ist zu einem bedrohlichen Gegenüber geraten. Betrübliche aktuelle Entwicklungen in der globalen Umwelt unterstreichen die Dringlichkeit, sich der Thematik zu stellen. Wir sehen uns alle mehr denn je aufgefordert, auf der Suche nach zukunftsweisenden Antworten zuallererst die richtigen Fragen zu stellen. Die Zeiten, in denen der Einzelne meinte, getrost seine Verantwortung abgeben zu dürfen, sind endgültig verabschiedet.

Aus dem Bedürfnis, in diesem unübersichtlichen Panorama an Konflikten, gesellschaftlichen Einflüssen und Tendenzen aller Art zu einer individuellen Position zu finden, sind diese Essays entstanden. Duanna Mund folgte dabei dem Leitgedanken, die Natur wirke formend auf den Menschen ein, Anton Christian Glatz wählte die umgekehrte Perspektive: Wie beeinflusst der Mensch die Natur? Auch wenn sich die Texte gelegentlich thematisch überschneiden, offenbart sich mühelos, wie unterschiedlich der persönliche Zugang sowie die Stimme sein kann und darf.

Über kaum ein Thema wird aktuell so intensiv diskutiert wie über die Wechselbeziehungen zwischen zivilisatorischem und natürlichem Wirken. Freilich entstand dadurch ein Mainstream an

Ideen, der Anton Christian Glatz und Duanna Mund dazu diente, den eigenen stark reflektierten und bewusst subjektiven Zugang zu entwickeln. In diesem Sinne werden überwiegend Informationen beigesteuert, die im allgemeinen Diskurs unterrepräsentiert sind, gleichwohl sie viel zur Standortbestimmung des modernen Menschen beitragen können. Der Spur vom Bekannten zum weniger Bekannten folgend, sollen die beiden Essays insbesondere den Windschatten der öffentlichen Aufmerksamkeit ausleuchten.

Es entspricht der menschlichen Wahrnehmung, wenn manche Informationen ideal als Text, andere hingegen besser als Bild transportiert werden. Die Autorin und der Autor nähern sich dem Thema Mensch und Natur, indem sie diese Besonderheit bedienen. Allen Abbildungen liegen Fotografien zugrunde, die behutsam künstlerisch nachbearbeitet wurden, als Metapher für zivilisatorisches Eingreifen in die Umwelt. Eines der Hauptthemen, die Verzahnung von Natur und menschlichem Ursprung beziehungsweise Wirken, wird damit konkret umgesetzt.

Duanna Munds Abbildungen dienen der Illustration. In diesem Sinne unterstützen sie den Text und bieten sinnliche Ergänzungen. Sie sind der umfangreichen Arbeit der Autorin als Reisefotografin entnommen und heben die Authentizität der Ausführungen, indem sie diese mit der Bildsprache des persönlich Erlebten bereichern. Zudem erfährt die inhaltliche Verankerung des Essays in den Geofaktoren durch die Fotografien eine beispielhafte geografische Zuordnung, die mit erklärenden Untertiteln versehen ist. Text und Abbildungen sollten auf diese Weise als Einheit wahrgenommen werden.

Anton Christian Glatz war es ein Anliegen, durch seine Abbildungen das Allgemeine, das Archetypische als atmosphärische Abrundung in seinen Essay zu holen. Es entstanden Meditationsflächen, welche schwerpunktmäßig den Kontrast zwischen Menschenwelt und die sie umgebende Natur ins Bewusstsein rücken.

Die Berührungsflächen zwischen beiden verdeutlichen das Paradoxon Gegensatz und zugleich Verzahnung. Eingebettet in die natürliche Umgebung manifestiert sich menschliches Wirken in Artefakten, beruhend auf abstrakten und geometrischen Mustern. Hier treffen wir auf gerade Linien, Winkel und sonstige Formen, die in unberührter Natur keine Rolle spielen. Die Lesenden sollen die Motive in ihrem Alltagsleben wiederfinden. Im alltäglichen Hier und Jetzt den Gegensatz von Menschenwelt und Natur sinnlich zu vertiefen, gehört zu den Absichten des Essays. Der Autor erachtete Hinweise auf konkrete Motive als kontraproduktiv, da diese eine Ablenkung vom Allgemeingültigen zum Besonderen hin bewirkt hätten.

Die gemeinsame Idee, sich unabhängig voneinander literarisch und bildhaft mit dem Thema Natur und Mensch / Mensch und Natur zu beschäftigen, brachte zwei Essays hervor, deren Stärke gerade in der Kombination der unterschiedlichen Zugänge liegt. Je umfassender der Blick, je vielseitiger die Betrachtungsweise umso klarer der Gedanke und kraftvoller das Ziel. Autor und Autorin legen mit spürbarer Freude ihre Fährte. Lesende mögen dieser ein Stück weit folgen und sie als Bereicherung des eigenen Weges erfahren. Dergestalt sind die Informationen und Überlegungen dieser Essays in erster Linie Einladung, unerschrocken zur eigenen Sichtweise vorzudringen.

Ein Auge – eine Welt

Tausend Augen – tausend Welten

Teil A

Duanna Mund

Narzissenwiese / Altaussee, Steiermark – Österreich

1

Blicken wir an einem Frühlingsmorgen auf das erwachende Grün, welches die Wiesen wie eine Substanz aus Licht überzieht, werden wir augenblicklich gewahr, welch Zauber dem stetigen Wandel allen Seins zugrunde liegt. Wir erkennen, wie sehr die Natur unsere irdische Existenz abbildet, sobald wir uns nicht von zivilisatorischen Einflüssen ablenken lassen. Im Rauschen eines Flusses hören wir das Lied der Zeit, ihr ewiges Fließen, das Neues schafft und Altes vergehen lässt. Während wir Veränderung oft als Bedrohung empfinden, weil sie uns an unsere Vergänglichkeit erinnert, stimmt uns der Fluss versöhnlich. Wenn jede unserer Zellen einen beständigen Tod stirbt, die Flamme des Lebens nur so lange brennt, wie der Stoffwechsel im Nehmen und Geben aufrecht bleibt, wirkt in uns das Gesetz der Natur.

2

Die äußeren Umstände unserer Existenz wandeln sich heute mit atemberaubender Geschwindigkeit. Die Grundfesten unseres Weltverständnisses scheinen sich auf unvorhersehbare Weise neu zu formieren. Wir sehen uns mit Aufgaben konfrontiert, die in ihrer Dringlichkeit so neu wie schmerzvoll sind. In der Frage nach dem Allgemeingültigen menschlicher Identität müssen wir uns mittlerweile in einem Dschungel aus Erklärungsversuchen zurechtfinden. Von Europa ausgehend setzte sich die naturwissenschaftliche Betrachtungsweise der Welt durch, die spezifisch westliche Denkweise, welche die Spezies Mensch als Ergebnis der voranschreitenden Evolution des Lebens sieht. Diese anerkennt somit, dass die Natur uns zu dem machte, was wir heute sind.

Kohlebergbau / Ruhrgebiet – Deutschland

3

Diese Einsicht steht in krassem Gegensatz zum selbstherrlichen Verhalten, das wir der Natur gegenüber und gleichermaßen im Hinblick auf unsere eigene Spezies an den Tag legen. Ohne lange nachzudenken, nehmen wir von den Ressourcen unseres Heimatplaneten. Je ferner die Region, umso schamloser wird unser begehrliches Verhalten. In der Globalisierung verkommt die Erde zum Selbstbedienungsladen. Gleichzeitig bringen Wissensgesellschaft und Mobilität Menschen unterschiedlichster geografischer Naturräume einander näher. Aber wir lernen uns kennen, ohne uns zu erkennen, denn oftmals fehlt der Wille, im Trennenden die Gemeinsamkeiten zu begreifen.

4

Der Kontakt mit Neuem geht mit exotischem Reiz einher. Fremde Menschen wie Länder faszinieren. Unterschiede in Aussehen, Wesen und Kultur wirken aufregend und inspirierend, schärft sich doch im Andersartigen die eigene Identität. Unbewusst unterliegen wir dabei dem Wirken der Evolution, die voranschreitet, indem sich der Genpool der Völker und somit der gesamten Gattung vermischt. Erst im Zuge des Entgleitens der Migration verkehrt sich das Interesse in Ablehnung. Die Zivilgesellschaft fühlt sich überfordert, Zukunftsängste wuchern.

Akha-Dorf / Nordthailand

5

Das Tempo, in dem menschliches Wirken die Natur verändert, bestimmt die Geschwindigkeit der angepassten Entwicklung. Als Teil der Natur entspricht jedes Individuum in Körper, Geist und Seele dem Umfeld, in dem seine Vorfahren und es selbst aufgewachsen sind. Der Wandel der Lebensbedingungen erzeugt einen Selektionsdruck, der in Form von Stress wahrgenommen wird. Der moderne Mensch leidet an Reizüberflutung. Die im Vergleich zu früheren Generationen hohe Lebenserwartung verstärkt die Notwendigkeit, mit der Zeit Schritt zu halten und nicht den Anschluss zu verlieren. Kein Wunder, wenn unabhängig von materiellem Wohlstand das kostbarste Gut verloren geht: die Möglichkeit, über Lebenszeit frei zu verfügen.

6

Angesichts der tiefen Sehnsucht nach ursprünglichen Lebensformen und Naturräumen, die tragischerweise immer seltener werden, wächst die Dringlichkeit der Suche nach dem geistigen Musterbild des Menschen. Gibt es in der Natur eine Intelligenz, die sich in uns Ausdruck verschafft? Wie können wir als Spezies, die mehr als 90 Prozent der Menschheitsgeschichte als Jäger und Sammler verbrachte, im postindustriellen Zeitalter unserer Natur entsprechend leben? Wie verbinden wir unseren Lebensfaden mit dem Ursprung, finden Verknüpfungen, die uns verwurzeln und dennoch den Flug ins neue Zeitalter ermöglichen?

Schafgarben / Weißensee, Kärnten – Österreich

7

Für den deutschen Philosophen und Psychologen Franz Clemens Brentano (1778 – 1842) unterscheidet sich das Geistige vom Physischen dadurch, dass es stets auf etwas gerichtet ist, während Letzteres einfach so existiert. Der Großteil der zeitgenössischen Philosophen anerkennt die Intentionalität des Geistigen, kommt allerdings mehrheitlich zum Schluss, diese sei lediglich auf Aktivitäten des Gehirns zurückzuführen. Die Frage nach der ersten Ursache, dem Ursprung des Geistigen bleibt auf diese Weise ohne Antwort. Das Geheimnis Leben manifestiert sich als schöpferische Kraft, die sich in einer Kausalkette verbunden unablässig erneuert.

8

Wenn wir uns vor Augen halten, dass eine Person zu einem Zeitpunkt mit derselben Person zu einem späteren Zeitpunkt stofflich wie geistig nicht ident ist, stellen wir uns die Frage nach der Klammer um ihre Identität. Wie unser Körper füllt sich auch unser Denken in jedem Augenblick mit neuer Gegenwart. Diese wird bewertet und unaufhaltsam als Erinnerung und Erfahrungsschatz eingeordnet. Was macht also jenes Kontinuum aus, als das sich jeder Mensch empfindet?

Albatros / Otagohalbinsel – Südinsel Neuseeland

9

Auf der Suche nach einem verbindenden Konzept stößt man unweigerlich auf die Fähigkeit des Menschen, sich im Denken aus dem Hier und Jetzt zu lösen und in die Vergangenheit und Zukunft zu reisen. Im 13. Jahrhundert leitete Thomas von Aquin, einer der einflussreichsten Philosophen und Theologen der abendländischen Geschichte, aus der Ordnung in der Natur die Existenz Gottes ab. Gerade die Fähigkeit des Menschen, sich selbst metaphysisch zu schauen, deutete er, der Kirchenlehre folgend, als Endpunkt einer kreativen Schöpfung. Im heutigen Sprachgebrauch reden wir vom Intelligent Design.

10

Verbindet sich naturwissenschaftliches Denken mit der Vorstellung einer Intelligenz hinter dem Wunderbaren der Natur, muss dies nicht Darwins Evolutionstheorie widersprechen. Lediglich der Zufall als Triebfeder für das angepasste Voranschreiten macht einer zielgerichteten Entwicklung Platz, die zwar viele Umwege geht, jedoch immer wieder zum Leitbild seiner Form zurückfindet. Das Intelligent Design der Natur beeindruckt und legt uns eine poetische Weltsicht nahe, welche den Blick auf Licht und Schatten jeglicher Daseinsform öffnet. In ihr erzählt der Flug eines Vogels von der Liebe des Lebens zur Luft, das Schnurren der Katze gehört zu ihrem Sein wie der tödliche Schwung ihrer Krallen, wenn sie Leben nimmt, um eigenes Leben zu bewahren. Ob Zufall oder Plan – alles läuft zur Höchstform auf, wenn es seinem tiefsten Wesen nahe ist.

Fischer / Senggigi, Lombok – Indonesien

11

Betrachten wir die vielfältigen Lebenssituationen des modernen Menschen vor diesem Hintergrund, wird erkennbar, wie sehr wir in einer Gesellschaftsform bestehen müssen, die auf Konkurrenz und Individualismus fußt. Gerade die sozialen Fähigkeiten aber bilden die Grundlage für den Erfolg unserer Art. Eine der zahlreichen Theorien zur Stammesgeschichte des Menschen besagt, dass die Babys aufgrund der Größe des hochspezialisierten Gehirns früher geboren wurden. Sie befanden sich im Augenblick der Geburt eigentlich noch im Embryonalstadium und bedurften ganz besonders der elterlichen Fürsorge und des Zusammenhalts der Gruppe. Die eigene Natur machte den Menschen somit abhängig von der Fähigkeit seiner Gattung zur Kooperation.

12

Der Anthropologe Arnold Gehlen (1904 – 1976) sah in der Instinktretardation den Initialzünder für die Entwicklung des Menschen. Als der Australopithecus afarensis vor dreieinhalb Millionen Jahren die Baumkronen verließ, um die Ebene als Lebensraum zu erobern, musste er den aufrechten Gang erlernen. Die evolutionäre Modifikation verschmälerte daraufhin das Becken. Diese Veränderung erzwang einen früheren Geburtszeitpunkt. Gehlen schlussfolgert weiter, dass bei der embryonalen Entwicklung die Zeit fehlte, die Instinkte im Gehirn restlos auszubilden. Dieses Manko wurde schließlich durch die im Vorderhirn stattfindende Verstärkung der kognitiven Fähigkeiten kompensiert.

Truthahngeier / Panamacity – Panama

13

Im Bestreben, sich von der Unberechenbarkeit der umgebenden Natur weniger abhängig zu machen, erlag der moderne Mensch der Illusion, sich in künstlichen Räumen abkoppeln zu können. Dabei übersah er, dass in der Biologie jedes Ich nur durch ein Wir ermöglicht wird, dass jede Art von Entflechtung einer Amputation gleicht. Uns allen geläufig ist das Bild vom Menschen, der am eigenen Ast sägt. Mit zunehmender räumlicher und geistiger Ferne von Naturräumen verlieren wir den Kontakt zum Kern unseres Seins. Die digitalen Scheinwelten unserer Tage stehen am vorläufigen Ende einer Reihe von Entwicklungen, in der wir uns sukzessiv fremder werden, eine Situation, die nach Lösung verlangt.

14

In urbanen Gesellschaften wachsen Generationen in vollkommener Abhängigkeit von einer Infrastruktur auf, die sich ihrem Einfluss entzieht. So versammeln sich beispielsweise achtzig Prozent der Einwohner der USA in städtischen Ballungsräumen. Besonders in weniger entwickelten Ländern fressen sich Megacities ins Umland. Trotz prekärer ökologischer und sozialer Zustände nähren sie, einer Fata Morgana gleich, die Hoffnung auf ein besseres Leben. Das globale, auf Ausbeutung beruhende Wirtschaftssystem des Neoliberalismus entzieht seit Mitte des 20. Jhdts. einem großen Teil der ländlichen Bevölkerung die Lebensgrundlage.

Tanzperformance / Landhaushof Graz – Österreich

15

Die modernen Menschen verlernen grundlegende Fertigkeiten der Lebenserhaltung, weil die natürliche Umwelt im Alltag zunehmend fehlt. Dabei sind wir animalischer, als wir glauben. Dies gilt nicht nur, aber besonders für unseren Sexualtrieb und den Fruchtbarkeitszyklus der Frau, dessen Rhythmus bei naturnaher Lebensweise dem 28-tägigen Wechsel der Monderscheinungen entspricht. „Aus dem Bauch heraus" bewerten wir blitzschnell die Attraktivität unseres Gegenübers. Dabei liegt die Schönheit nicht bloß im Auge des Betrachters, wie schon Goethe sagte. Zuallererst hat die Nase ein gehöriges Wörtchen mitzureden. Sie lässt Paare zueinanderfinden, deren Immunsysteme sich für einen gemeinsamen Nachwuchs optimal ergänzen. Jeder von uns weiß, was mit Sich-nicht-riechen-können gemeint ist und welche irrationalen Folgen dies für das Zusammenleben haben kann.

16

Beim Erstkontakt hören wir auf die Stimme der neuen Bekanntschaft und schließen auf deren „stimmigen" Charakter, ehe wir uns der restlichen Sinne bedienen. Schon der Begriff „Person" verrät, wie sehr wir bei der Beurteilung unserer Mitmenschen auf den Klang der Stimme achten, bedeutet das lateinische Wort „personare" doch „durchklingen". Indem wir mit feinen Sinnen auf Mitmenschen reagieren, folgen wir unseren Urinstinkten. Tief im Stammhirn werden die ersten und wichtigsten Entscheidungen getroffen.

Vater und Sohn / Vale Verzasca, Tessin – Schweiz

17

Dennoch lässt sich der moderne Mensch im städtischen Umfeld immer seltener von seinen stammesgeschichtlichen Anlagen leiten. Die Lichtverschmutzung sorgt für grell erleuchtete Nächte (the city never sleeps). Wenn jahreszeitliche Temperaturwechsel durch Heizung und Klimaanlagen ausgeglichen werden, spürt man kaum, wie das Klima verrücktspielt. Wer verbindet noch Frühlingsgefühle mit dem Erwachen der Natur, sobald das Erleben auf Spaziergänge in Parks mit sterilen Blumenbeeten beschränkt bleibt? Wer hört die feinen Töne des Lebens inmitten des Großstadtlärms? Wundert es, wenn sich der Mensch nicht bloß selbst fremd wird, sondern zudem vermehrt inmitten der Menschenmenge unter Kontaktarmut leidet?

18

Barfuß gehend verbanden wir uns früher mit der Energie der Erde. Heute gehen wir mit blinden Füßen auf versiegelten Böden, denen jegliche Lebendigkeit fehlt. Unsere Beine sehen aus wie die Gliedmaßen eines neugeborenen Kindes. Pediküre und Peeling sind die Pflegemaßnahmen, die wir ihnen zukommen lassen. Ihre Leistungsfähigkeit erprobt sich im Fitnessstudio. Standfestigkeit und Sensibilität für die Erde stellen Begriffe dar, die wir mit unseren Füßen kaum mehr verbinden. Früher war der Boden gewissermaßen Teil unseres Körpers, nach außen verlagert und begehbar. Heute wissen wir zwar, dass in einer Handvoll Humus mehr Organismen leben, als Menschen auf der Erde, aber unsere Füße erspüren das Leben nicht mehr.

Hafen von Surabaya / Java – Indonesien

19

Lebensmittel wurden zu Nahrungsmitteln. Letztere sind Erzeugnisse einer Konsumgüterindustrie, die uns Menschen im Essen und Trinken von der Natur abkoppelt, als Folge mangelnden Respekts vor dem Leben. Gemüse wächst unter Plastikfolien bei computergesteuerter Nährstoffzufuhr. Fleisch und Milchprodukte kommen aus einer marktwirtschaftlich optimierten Nutztierhaltung, die Lebewesen wie Ware behandelt. Weil wir dabei übersehen, dass es im Geheimnis des Lebens kein Eigentum gibt, dass alles Wesentliche geschenkt ist und auf Gegenseitigkeit beruht, schaden wir uns ebenso wie dem Ökosystem der Erde.

20

Essstörungen entwickeln sich häufig, wenn mehrheitlich denaturierte Nahrung aufgenommen wird. Essend versorgen wir nicht bloß unseren Körper, sondern auch den feinstofflichen Leib, der uns am Leben erhält. Dies macht den Unterschied zwischen Nahrungsmitteln und Lebensmitteln aus. Letztere versorgen uns mit der Energie, die der Körper benötigt, um die zugeführten Elemente in die ihm eigene geometrische Anordnung zu bringen. Biochemisch betrachtet bauen wir im Stoffwechsel mit den Molekülverbindungen die Information ein, die wir für unsere Selbstregulierungskräfte benötigen. Auf diese Weise hält der Körper das der Gesundheit gemäße Gleichgewicht aufrecht (Homöostase). Kommt beim Schnittlauch, gewachsen im eigenen Garten, die positive Energie, die aus unserer Fürsorge und Pflege erwächst, hinzu, erübrigt sich jegliches „Superfood".

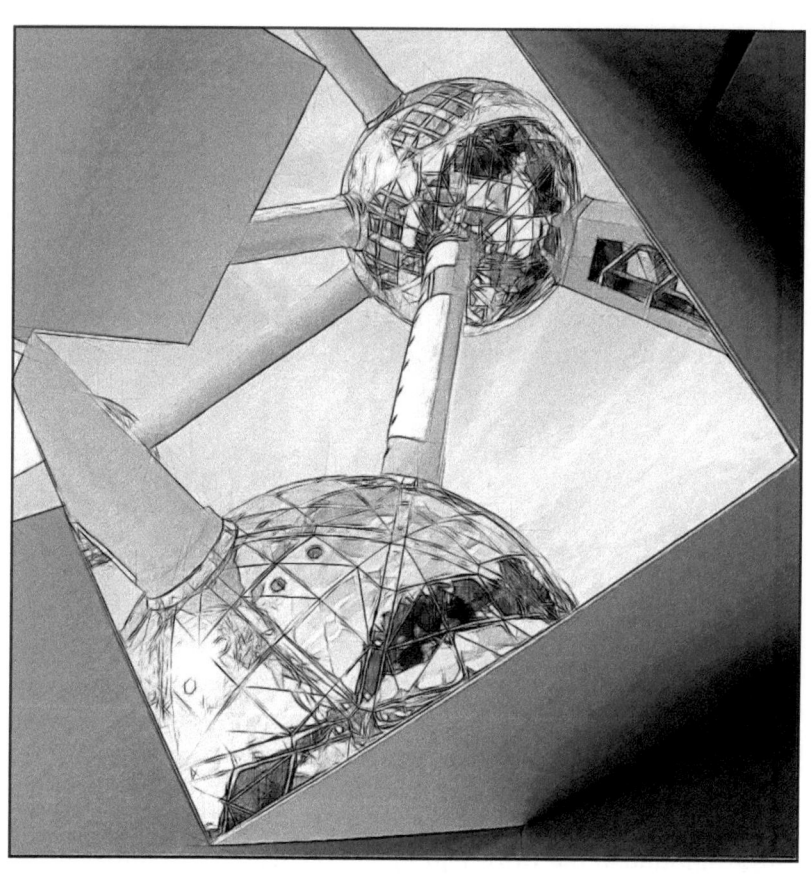

Atomium / Brüssel – Belgien

21

In zunehmendem Maß begreifen wir uns nicht mehr als Teil der Natur. Diesem fragmentierten Weltbild fehlt die Einsicht, aus welcher Liebe und Verantwortung gegenüber dem Leben erwachsen. Außerdem kommt uns der Selbsterhaltungstrieb einer gesunden Spezies abhanden. Raubbau an der Erde und an uns selbst sind die Folge. Egozentrisches Denken initiiert zerstörerische Mechanismen, wie sie momentan weltweit wirken. Wachsendes Unbehagen angesichts klimatologischer Forschungen zeichnen ein düsteres Bild, das aufrütteln muss.

22

Obwohl das Wissen der Menschheit rasend schnell wächst und weltweit abrufbar ist, erfolgt ein Umdenken nur innerhalb kleiner Gruppen und zudem zu langsam. Viel zu wissen bedeutet nicht, klug zu sein. Momentan scheint es eher, als würden wir von den Fakten erschlagen. Vielleicht sollten wir versuchen, aufbauend auf neuen Erkenntnissen, in die Tiefe der kollektiven Erinnerung zu gehen und in dieser zu lesen. Mag sein, wir näherten uns dabei einer alten Weisheit, die unsere Erde als lebendes und somit schützenswertes Wesen erfasste.

Gaia / griechisch-antike Darstellung

23

In der griechischen Mythologie steht die personifizierte Erde Gaia oder Ge für die Muttergottheit. Ihr Name ist indogermanischen Ursprungs und bedeutet „die Gebärerin". In Kulten verehrte man in ihr die Herrscherin über Leben und Tod. Zudem war Gaia Orakelgottheit und Rachegöttin. In Hesiods Theogonie (700 v. Chr.), dem poetischen Bericht vom Werden der Welt und der Abstammung der Götter, entsteht Gaia aus dem Chaos. Für die Orphiker erwächst sie ohne Befruchtung aus der Urgottheit Hydros (Wasser), während der Mythograph Hyginus sie von Aither, dem oberen Himmel und Sitz des Lichtes, ableitet.

24

Im griechischen Mythos empfängt Gaia von Eros im Schlaf ohne körperliche Begattung den Himmel (Uranos), die Berge und das Meer. Aus der Verbindung von Gaia und Uranos entstehen die Titanen, die Kyklopen und die Hekatoncheiren, drei riesenhafte Söhne, die Uranos hasst und sofort nach ihrer Geburt in der Erde verbirgt. Dies erzürnt Gaia, die daraufhin ihren Sohn Kronos dazu anstiftet, den Vater mit einer Sichel aus Feuerstein zu kastrieren. Selbst dieser zerstörerische Aspekt von Gaia wandelt sich ins Schöpferische, da das aus der Wunde fließende Blut des Uranos Gaia befruchtet und sie die Giganten, die Erinnyen und die melischen Nymphen gebiert. Das archetypische Bild von Mutter Erde entstammt also einer alten mythologischen Weltsicht und verschweigt nicht die polaren Aspekte dieser Personifikation.

Gaia / New-Age-Darstellung

25

Wenn heute von Gaia die Rede ist, geschieht dies meist im Zusammenhang mit der Gaia-Hypothese. Diese geht auf den Chemiker, Biophysiker und Mediziner James Lovelock und die Mikrobiologin Lynn Margulis zurück. Sie basiert auf vorwiegend empirischen Grundlagen und betrachtet die Erde als Lebewesen, das sich Bedingungen schafft, die komplexe Organismen ermöglichen. Mitte der 60er-Jahre des vorigen Jahrhunderts schuf Lovelock eine Computersimulation, um seine Hypothese zu untermauern und der Kritik zu begegnen, sie sei rein teleologisch, also zielgerichtet. Er wollte damit beweisen, das Leben reagiere selbstregulierend auf sich ändernde äußere Parameter und erhalte in der Folge konstante Umweltbedingungen auf dem Planeten aufrecht.

26

Von Beginn an stieß die Gaia-Hypothese in der Diskussion gleichermaßen auf Kritik und Faszination. Lovelocks Bild vom lebendigen Planeten war frei von animistischen Vorstellungen. Er denke nicht an empfindsame Steine, Berge und Gewässer, präzisierte er. Obwohl seiner Ansicht nach alle Geschehnisse in der Natur innerhalb der Grenzen der Naturwissenschaften anzusiedeln seien, achtete er die unterschiedlichen Interpretationen, denen seine These Raum bot. Im Zuge der Hippie- und New-Age-Bewegung wurde die Erde als Organismus mit Seele auf die Ebene einer modernen Erdgöttin erhoben, eine Interpretation der Gaia-Hypothese, von der sich Lovelock und Margulis distanzierten.

Herbstliches Nebelmeer / Gerlitzen, Kärnten – Österreich

27

In der spirituellen Verklärung der Esoterik-Bewegung der Gegenwart ist Gaia ausschließlich positiv besetzt und damit idealisiert. Gerade in technologischen Lebenswelten sehnen wir uns nach der Schönheit der Natur. Sie schenkt angenehme Gefühle, ursprüngliche Naturlandschaften werden als Heimat empfunden, als tröstliches Sinnbild menschlichen Seins. Die Rhythmen der Erde scheinen nicht gänzlich aus dem Bewusstsein der Menschen verschwunden. Anhänger spiritueller Lebenshilfen greifen jedoch in den meisten Fällen auf Riten zurück, die fremden Kulturen entstammen und deshalb nur bedingt wirksam sind.

28

Unabhängig von jeder weltanschaulichen Prämisse stellen wir uns alle im Laufe unseres Lebens die Frage nach Anfang und Ziel unseres Daseins. Irgendwann mündet unsere Suche zwangsläufig in der Natur, die in uns schlummert und uns umgibt. Bereits in der Hippiebewegung der 70er-Jahre des vorigen Jahrhunderts ging es unter anderem um die Sehnsucht nach einem naturnahen Leben. Heute kann man sogar von einem breiten gesellschaftlichen Wandel sprechen. Regionalität und Nachhaltigkeit in der Lebensführung zählen längst zu den erklärten Bedürfnissen des modernen Menschen. Dieser verspricht sich davon eine gesunde körperliche Konstitution. Mindestens gleichbedeutend ist der Gewinn auf geistig-seelischer Ebene. Leider kann sich ein großer Teil unserer Gesellschaft die Verwirklichung dieser Lebensphilosophie ganz einfach nicht leisten.

Callrjon de Hamel, Havanna – Kuba

29

Wenn in den folgenden Aufzählungen und Erläuterungen Analo-
gien zwischen Natur und Mensch thematisiert werden, gehen wir
von den naturwissenschaftlichen Aspekten moderner Weltbilder
aus. Deutlich sichtbar ist, wie formgebend die Umwelt auf das
Leben einwirkt. Der Mensch trägt seine Herkunft in sich, wobei
der Vererbung und Sozialisierung unterschiedliche Wertigkeit bei-
gemessen wird. Als Körper-Seele-Geist-Wesen sind wir ein Pro-
dukt unserer inneren und äußeren Natur. Wenngleich sich jeder
Mensch in der Eigenwahrnehmung als einzigartig empfindet, zeigen sich insbesondere in der Fremdwahrnehmung gravierende
Gemeinsamkeiten der Ethnien.

30

Kulturabhängige Differenzierungen drängen sich uns in den Vordergrund, wenngleich sie häufig auf Stereotypen beruhen, die, wie
bei selbsterfüllenden Prophezeiungen, die erwarteten Äußerlich-
keiten und Verhaltensmuster verstärken. In der Regel lassen sich
allerdings viele Zusammenhänge auf den Einfluss von Geofaktoren zurückführen, welche wiederum in erster Linie von der geografischen Breite abhängen.

Fes – Marokko

31

Die Nähe zum Äquator bestimmt einerseits die Klimaelemente wie Temperatur, Wasserhaushalt, Luftdruck und Windsysteme, andererseits Beleuchtungsverhältnisse im jahres- und tageszeitlichen Wandel. Zu diesen globalen Zusammenhängen kommen kleinräumliche Gegebenheiten wie Seehöhe, Relief, Meeresnähe beziehungsweise Kontinentalität und Naturgefahren. Fügt man den genannten Geofaktoren, die sich aus ihnen ableitende Bodenbildung sowie Flora und Fauna hinzu, ergibt sich eine Vielfalt an Lebenswelten, die zu Unterschieden im angepassten Leben führen.

32

Die folgende Illustration von Entsprechungen verdeutlicht, in welchem Ausmaß sich die Körperlichkeit des Menschen (Statur, Hautfarbe, Physiognomie), ferner ethnologische Charaktermerkmale sowie Denkansätze (Philosophie, Werte, Kultur) und Lebensformen (Wirtschaft, Wohnstätten, Kleidung, Brauchtum, Arbeits- und Freizeitverhalten) auf Naturfaktoren zurückführen lassen. Wenn heute Menschen unterschiedlichster Herkunft aufeinandertreffen und in weltweit ähnlichen Agglomerationen leben, scheinen sich die Differenzierungen zu nivellieren, ein Umstand, der erneut die maßgebliche Wirksamkeit des Umfelds belegt.

Zenitstand der Sonne / Southern Ridges – Singapur

Seit Mitte des 20. Jahrhunderts wird auf wissenschaftlicher Ebene die Frage diskutiert, ob die Evolution sprunghaft erfolgte oder gleichmäßig voranschritt. Beschleunigte Prozesse folgten in der Vergangenheit meist einem globalen Klimawandel, wobei die Adaption der Arten stets im Kielwasser naturgegebener Umwälzungen vor sich ging. Ethnische Unterscheidungsmerkmale, wie wir sie heute beobachten, sind, stammesgeschichtlich betrachtet, das Ergebnis äußerst junger Abläufe.

Eines der wichtigsten Klimaelemente, die Temperatur, wird von einer Vielzahl von Geofaktoren beeinflusst. Sie resultiert aus globalen Luftdruckverhältnissen, die wiederum dem Einfluss von Strahlungsintensität und Meeresnähe bzw. -ferne unterliegen. Demzufolge befinden sich die heißesten Regionen der Erde nicht am Äquator, sondern entlang der Wendekreise in den Subtropen. Das Bodenhoch, das sich in dieser geografischen Breite durch stetig absinkende Luft ausbildet, löst Wolken auf und führt zu ungehinderter Sonneneinstrahlung. Meeresnähe wirkt sich ausgleichend auf Temperaturen aus, während Landmassen eine große Temperaturamplitude begünstigen.

Alter Mann / Trinidad – Kuba

35

Betrachten wir körperliche Besonderheiten der Ethnien heißer Regionen, erweist sich als das augenscheinlichste Merkmal die starke Pigmentierung der Haut, auf die beim Klimafaktor Beleuchtungsverhältnisse näher eingegangen wird. Angehörige negroider Ethnien zeigen sich zudem mit schwarzem und krausem Haar, stark ausgeprägten, wulstigen Lippen und breiter, abgeflachter Nasenform hervorragend den heißen Temperaturen angepasst. Dass selbst die Größe der Nasenlöcher aus der Selektion resultiert, mag belustigen, folgt gleichwohl einer gewissen Logik. So verfügen Menschen in trocken-kalten Regionen über engere Nasenlöcher. Diese befeuchten und erwärmen die eingeatmete Luft. Somit verringert sich das Risiko von Infektionen der Atemwege. Die „Langnasen" (von Chinesen und farbigen Afrikanern benutzter Name für die Europäer) verdanken ihre Physiognomie dem Wettbewerbsvorteil bestmöglicher Anpassung.

36

Gemeinsamkeiten im Lebensstil beweisen, wie wenig hitzeresistent Menschen heißer Regionen sind. So finden wir beispielsweise den Arbeitsrhythmus dem Temperaturverlauf des Tages angepasst. Die kühlen Morgen- und frühen Nachtstunden werden intensiv genutzt, Siesta hält man keineswegs nur im Mittelmeerraum.

Maori-Performance / Waitangi-Treaty Grounds – Neuseeland

37

Die Aborigines in Australien bieten durch ihren gedrungenen Körperbau der Hitze wenig Angriffsfläche, eine Statur, die sich generell bei Menschen findet, die in extremen Temperaturen, also auch großer Kälte, leben. Beispiele für Letzteres sind die Inuit Grönlands, die Samen Skandinaviens und die Mongolen der asiatischen Steppen.

38

Das Aussehen der Maori, der Ureinwohner des feuchtkühlen Neuseelands, verrät ihre Abstammung von den Menschen der heißen Regionen der Südsee. Bis heute verbindet sie mit den polynesischen Völkern ihre animistische Weltsicht, die von der Beseeltheit der gesamten Natur ausgeht. Obzwar das daraus resultierende Umweltbewusstsein der Maori wenig mit moderner Erkenntnis zu tun hat, sondern auf uraltem, tradiertem Wissen basiert, wird es zusehends geachtet. Das heutige vulkanische Naturschutzgebiet Tangariro auf der Nordinsel verdankt seine Entstehung einer Vorgabe der Maori bei der Unterzeichnung des Übergabevertrags. Weil das als heilig geltende Land weiterhin niemandem gehören sollte, durfte es nicht in den Privatbesitz der eingewanderten Engländer übergehen. Bis in die Gegenwart üben die Maori ihre teils archaisch anmutenden Riten aus, in denen sie sich dem Grund ihres Seins nahe fühlen. Dementsprechend bedeutet der Name ihres Volkes, „Maori", „normal" bzw. „natürlich".

„Heidenhaus" (Speichergebäude) / Ernen, Wallis – Schweiz

39

Der jahreszeitliche Temperaturwechsel nimmt entscheidenden Einfluss auf den gesellschaftlichen Stellenwert von Arbeit. Die Notwendigkeit, für den Winter vorzusorgen, führte zu Kulturen, in denen gesellschaftlicher Erfolg über Arbeit definiert wird. In den gemäßigten Zonen der Erde entwickelten bereits die jungsteinzeitlichen Menschen Vorratswirtschaft und Tierhaltung. Da in ihrem Leben Fleiß und Strategie für das Fortkommen unabdingbar waren, entstand daraus ein Entwicklungsvorsprung, der (auch mit Hilfe unfairer Abkommen) bis in die Gegenwart anhält. Die große Mehrheit an erfolgreichen Volkswirtschaften befindet sich auf der nördlichen Hemisphäre im kühl- bis warmgemäßigten Klima.

40

Nach Ansicht des Psychoanalytikers Otto Rank (1884 – 1939) entfaltet sich aus dem Streben nach Selbstschutz im Kampf gegen die Elemente des Nordwinters der Drang zum Leben. Er interpretierte die diesem innewohnende Kraft als Triebfeder zur Entfaltung der individuellen Persönlichkeit, welche die Basis für den Erfindergeist bildet. In diesem Zusammenhang sah er die Industrielle Revolution, welche die englische Gesellschaft im 18. Jhdt. in Gang setzte. Er leitete vom individualisierten Überlebenskampf überdies den seelisch gepanzerten Menschen ab, der seine Interessen über alles stellt, sogar über das Leben anderer. Wenn wir uns vor Augen führen, in welchem Ausmaß wirtschaftliche wie soziale Mechanismen Ungleichheiten und Ungerechtigkeiten verstärken, scheinen seine Ansichten aktueller denn je.

Lebensmittelmarkt „Pasar Beriman Tomohon" / Sulawesi
Indonesien

41

Mit den Ernährungsgewohnheiten zeigt sich ein weiterer kultureller Aspekt vom Klimaelement Temperatur beeinflusst. Der hohe Energiebedarf bei tiefen Temperaturen zwingt beispielsweise Menschen kalter Regionen, hochkalorische Nahrung zu sich zu nehmen. Weil sich zudem polarnahe und gebirgige Regionen kaum zum Feldbau eignen, spielen Fleisch und Fisch im Speiseplan der dort ansässigen Ethnien eine entscheidende Rolle. Beispielgebend hierfür ist das Volk der Inuit. Als europäische Siedler die Bewohner Grönlands als Eskimos bezeichneten, mochten diese es als wenig schmeichelhaft empfunden haben, wurden sie damit doch „Rohfleischesser" genannt. Der Name, den sie sich selbst gaben, lautete Inuit, was einfach „Mensch" bedeutet.

42

Auch Völker der Tropen und Subtropen sind keinesfalls ausschließlich Vegetarier, was unter anderem mit dem landwirtschaftlich nutzbaren Boden im Zusammenhang steht. Obwohl das starke Pflanzenwachstum in den immerfeuchten Tropen dem Boden ständig verrottende Biomasse zuführt, entsteht kein wertvoller Humus. Die Pflanzen verwerten die Nährstoffe zu rasch. Man kann sagen, diese werden gefressen, ehe sich Boden bildet. Zudem werden als Folge der täglichen Konvektionsregen die Nährstoffe ausgeschwemmt. Zur nachhaltigen Landnutzung der Tropen gehören daher Wanderfeldbau und kleinräumliche Brandrodung. In den wechselfeuchten Tropen hingegen funktioniert die Bodenbildung. Die Landwirtschaft erfordert außerhalb der Regenzeiten jedoch intensive Bewässerung.

Schäferfest auf der Gemmi / Wallis – Schweiz

43

Wie unsere Vorfahren sind naturnah lebende Völker Allesesser, wenngleich der Fleischgenuss etwas Besonderes bleibt. In der Menschheitsgeschichte ermöglichte der Verzehr von zubereitetem Fleisch die erhöhte Proteinzufuhr, die für das Wachstum des Gehirns notwendig war. Dieses verbraucht von allen Teilen des menschlichen Körpers die meiste Energie. Noch heute stellt die Größe der Herde in trockenheißen Regionen der Erde ein wichtiges Statussymbol dar.

44

Von der Gesellschaft der Jäger und Sammler entwickelte sich das menschliche Zusammenleben weiter zur Sesshaftigkeit und Domestizierung von Nutztieren. Wildtiere des Ökosystems blieben dabei stets Teil der Ernährung. Wenn in der Gegenwart Insekten, Käfer und Larven zur proteinreichen Nahrung gehören, sollte das nicht als Zeichen für Rückständigkeit interpretiert werden. Selbst wenn es uns heute bei dem Gedanken graust, könnte dieses „Krabbelgetier" eine wichtige Eiweißquelle der Zukunft bilden, sollten die Eigendynamik des Klimawandels und Übernutzung der Ökosysteme dies erzwingen.

Kasba / Benhaddou – Marokko

45

Zu den augenscheinlichsten von der Temperatur beeinflussten kulturellen Merkmalen zählen Behausung und Kleidung. Sie bieten Schutz und sorgen für den der Gesundheit des Menschen zuträglichen Temperaturausgleich. Dachformen (Steildächer in Ländern mit möglichem Schneefall), Fenstergrößen (kleine Fenster gegen die Hitze) und Baumaterialien (hitzeabweisender Lehm) gehören zu temperaturangepassten, architektonischen Elementen.

46

Menschen heißer Regionen setzten ihre Haut äußerst selten der Sonne aus. Typischerweise tragen Wüstenvölker einen Kaftan, der nicht zwingend aus hellem Stoff genäht sein muss. Ungeachtet der Eignung von weißem Stoff, der Sonnenlicht am besten reflektiert, bevorzugen Beduinen am Körper die Farbe Schwarz. Diese bietet den Vorteil starker Absorption des Lichts. Somit wirft sie, wenn sie locker getragen wird, weniger Hitze auf den Körper zurück und bietet der Haut mehr Schatten. Wüstenvölker schützen zusätzlich Augen, Nase und Mund vor extremer Trockenheit und Flugsand.

Luxortempel / Ägypten

47

Das Naturelement Wasser ist der Temperatur in seiner Bedeutsamkeit für das Leben gleichgestellt. In den Wüstenregionen des Orients entstanden entlang der großen Flüsse Euphrat und Tigris im 3. Jahrtausend vor Christus die ersten Hochkulturen der Menschheit. Die den Zenitständen der Sonne folgenden Regenzeiten der wechselfeuchten Tropen, in denen die Quellflüsse Weißer und Blauer Nil entspringen, brachten den alten Ägyptern das jährliche Frühlingshochwasser. Der Boden der Flussoase wurde somit in regelmäßigen Abständen mit fruchtbaren Nährstoffen versorgt.

48

Stehen wir heute vor den Statuen, Malereien und Hieroglyphen einer der Ausgrabungsstätten des Niltals, stoßen wir auf die mythologische Deutung des Wechselspiels zwischen Sonne und Wasser in der altägyptischen Kultur. Gott Aton wurde als Herr aller Länder verehrt, weil er sonnengleich die Welt umkreist. In zweifacher Form verkörpert sich die sichtbare Sonne im Leib des Gottes Re: Zum einen bildet sein Auge die Sonnenscheibe, zum anderen thront er in dieser. Auch der Skarabäus beinhaltet einen stark solaren Aspekt: Weil nach dem Rückzug des jährlichen Nilhochwassers das Heer der Käfer aus dem Schlamm für die Eiablage Kugeln drehte, verkörperte der Skarabäus die Fruchtbarkeit, die dem Wasser entwächst. Zudem erinnerte der Goldschimmer seiner Flügeldecken an den Glanz der Sonne, wodurch er zum Symbol solarer Schöpferkraft wurde.

Atlanerhavsveien / Norwegen

49

Wasser bedeckt zu zwei Dritteln die Oberfläche unseres blauen Planeten. Wie alles Leben an Land und in der Luft entstammt der Mensch den Ozeanen. Menschliches Blut weist dieselbe Salzkonzentration wie Meerwasser auf. In der Gaia-Hypothese wird der Ozean als hyperbewusstes Wesen definiert, welches das Leben aus sich heraus entließ, um in der Erkenntnis des Menschen sich selbst zu erblicken. Das Meer, in seiner unbeschriebenen Weite, mutet wie eine imaginäre Bibliothek an, die, von uns Menschen, dem eigenen Wesen entsprechend, gelesen wird. Dem selbstverliebten Narziss ist es Spiegelbild seiner selbst. Nicht selten erheben Seefahrer es bis in die nüchterne Gegenwart hinein zur Person, zur Herrin und Geliebten, gefürchtet und gleichermaßen verehrt.

50

Der Vorgang in unserem Körper, welcher das Sehen ermöglicht, wird durch ein Photon in Gang gesetzt, das mit seiner Energie in unseren Sehzellen zur Entstehung eines elektrischen Spannungssignals führt. Mit diesem physischen Durchdringen beginnt die Neuinterpretation jenes Sehens, das die Erkenntnis durch unser Sein bewirkt. Wer das imaginative Potential einer poetischen Wahrnehmung ausschöpft, vermag in der Sicht auf die „Innenseite" des Meeres seinen eigenen Ursprung zu erkennen. Schönheit und Artenreichtum tropischer Korallenriffe entsprechen darin der Vielfalt unserer Möglichkeiten und die Tiefsee singt das Lied der unerforschten Seele.

Vollmondnacht / Lieboch, Steiermark – Österreich

51

Der chilenische Kognitionsforscher, Biophilosoph und Buddhist Francisco J. Varela (1946 – 2001) verwendete den Ausdruck „reziproke Spezifikation" für das gegenseitige Hervorbringen in der unaufhörlichen Interaktion allen Seins. Wird der Mond von der Erde angezogen, wölbt sich ihm das Meer entgegen. Selbst die Festlandsockel heben und senken sich unter dem Einfluss des Mondes um bis zu 26 Zentimeter. In diesem Zusammenhang wundert es wenig, wenn der Rhythmus, mit dem die Flüssigkeiten unseren Körper durchfließen, in Resonanz zum Kosmos steht.

52

Augenscheinlich entspricht der Mensch in vielen Dingen dem Ozean. Die Zellen unseres Muskelgewebes enthalten 75 Prozent Wasser, Blutplasma bis zu 95 Prozent. Die Analyse einer männlichen Samenzelle zeigt eine Zusammensetzung von nahezu 99 Prozent Wasser und einem Prozent Salz. Ähnlich wie im Meer dient Wasser im menschlichen Körper dem Transport von Sauerstoff und Nährstoffen. Es ist da wie dort Teil eines Kreislaufs und ermöglicht den Stoffwechsel. Überdies beinhaltet Wasser körperliche und geistige Information. Als ebenso fundamental erweist sich das funktionierende Ökosystem der Ozeane für die Gesamtheit des Lebens auf unserem Planeten. Das Phytoplankton sorgt mittels Photosynthese für die Umwandlung von Kohlendioxid in den zu weiten Teilen in die Luft diffundierenden Sauerstoff. Der Austausch erfolgt derart intensiv, dass, theoretisch betrachtet, die gesamte Menge des atmosphärischen Kohlendioxids nach sechs Jahren ausgewechselt wäre.

Papageientaucher / Skelligs – Irland

53

Warme und kalte Meeresströmungen bewirken einen Temperaturausgleich zwischen den Klimazonen der Erde. Der Golfstrom erreicht mit seiner Restwärme aus der Karibik die Küste der britischen Inseln und ermöglicht dort eine Vegetation, die in begünstigten Lagen subtropischen Charakter aufweist. In Gegenden mit vergleichbarer geographischer Breite (Labrador, Kamtschatka) erstreckt sich der Nadelwald der Taiga. In ausgesetzten Lagen reicht die Wärme nur für den niedrigen Bewuchs der Tundra mit ihren Moosen und Flechten. Die „Warmwasserheizung" Europas sorgt im Norden Skandinaviens für eine Temperaturanomalie von zehn Grad Celsius.

54

Wie das globale Förderband in den Ozeanen unterschiedlichste Lebewesen über beeindruckende Distanzen transportiert, so übernimmt das Wasser im menschlichen Körper vergleichbare Aufgaben. Dessen biophysikalische Funktion besteht darin, Stoffe zu transportieren. Es bewegt sowohl Nährstoffe als auch Abbauprodukte des Stoffwechsels und entschlackt auf diese Weise. In ausreichenden Mengen dem Körper zugeführt, bremst Wasser den Alterungsprozess. Weitgehend unbekannt ist hierbei die Tatsache, dass mineral- oder kohlensäurehaltiges Wasser Giftstoffe wegen seiner Sättigung schlechter aufnimmt als herkömmliches Wasser.

Quellheiligtum Pura Tirta Empul / Bali – Indonesien

55

Zahlreiche Quellheiligtümer weisen auf den spirituellen Sinnge-
halt von Wasser hin. Weil sich Wassermoleküle zu großen Hau-
fenmolekülen zusammenschließen, erhält die chemische
Verbindung H2O außergewöhnliche Eigenschaften. Die unzähli-
gen Variationen der Brückenbildung ergeben vielfältige flüssige
wie kristalline Gebilde und ermöglichen es dem Wasser, Informationen zu speichern. Homöopathie, Bachblütentherapie und
Edelsteinessenzen (erforscht erstmals von Hildegard von Bingen,
1098 – 1179) leiten ihre Wirksamkeit davon ab.

56

Die Einmaligkeit des so lebendig erscheinenden Wassermoleküls
wird in Schneeflocken sichtbar. Chemisch betrachtet müsste
H2O eigentlich zu identisch aussehenden Kristallen gefrieren.
Weil es aber die Energie ist, die in ihrer Verlangsamung Materie
bildet, enthält jeder einzelne Schneestern eine Information, die
ihn zu einem Unikat werden lässt. Wird ein Schneekristall unter
natürlichen Gegebenheiten zum Schmelzen gebracht und an-
schließend unter den gleichen Voraussetzungen wieder eingefro-
ren, manifestiert er sich in der exakt gleichen Form. Wasser hat
ein Erinnerungsvermögen – die Schneeflocke vergisst nicht, was
sie ist. Somit liegt der Schluss nahe: Energie schafft Materie, nicht
umgekehrt.

Winterstimmung / Altes Almhaus, Steiermark – Österreich

57

Im Begriff „Kristall" schlummert verborgenes Wissen. Ein Teil des Wortes leitet sich von „Kristos" bzw. „Christus" ab, was aus dem Griechischen stammt und für „der Gesalbte" steht. Der Ursprung des Wortes reicht jedoch in die Zeit vor dem Christentum zurück und bezeichnet eine Daseinsform, die wir heute „Bewusstsein" nennen. Möglicherweise deutet der Name Christus darauf hin, dass Jesus, indem er gesalbt wurde, ein erweitertes Bewusstsein erlangte. Metaphysisch interpretiert, entspricht dies einer Einweihung in die Gesetzmäßigkeiten des Kosmos. Der Begriff „Krist-All" könnte auf ein All-Bewusstsein hinweisen und religiöse Menschen somit in die Nähe göttlicher Offenbarung führen.

58

Die moderne Wissenschaft spricht von der Anomalie des Wassers. Bei 4 Grad Celsius hat dieses sein kleinstes Volumen und damit die größte Dichte. Geht man von diesem Wert aus, nimmt sowohl bei Temperaturzunahme als auch -abnahme das Volumen zu. Dieses Faktum lässt Eisberge schwimmen und Gebirge, als Folge der Frostsprengung, in Schuttkegeln versinken. Bei 37 Grad Wassertemperatur, in etwa unserer Körpertemperatur, hat Wasser seine niedrigste spezifische Wärme. Dieser Wert erfordert den größten Energieaufwand für Temperaturveränderung. Verhielte sich das Wasser in nur einem der genannten Punkte „normal", gäbe es kein hochentwickeltes Leben auf der Erde.

Tauchender Pottwal / Kaikoura – Neuseeland

59

Wasser als Quelle allen Lebens: Die antarktischen Meere zählen zu den artenreichsten Biotopen unserer Erde. Ob Fjordwasser, flaches Schelfmeer oder Tiefsee, ob Binnenmeer, Randmeer oder offener Ozean – die Nahrungskette von Plankton und Krill über Vögel, Fische und Meeressäugetiere endet beim Menschen. Wenn schon Ehrfurcht und Empathie nicht reichen, müsste wenigstens wirtschaftliches Kalkül zum Schutz dieses einzigartigen Lebensraumes führen. Ekel erregt der Zynismus der Gier, welcher im klimabedingten Abschmelzen des Festlandeises einen Vorteil sieht. Auf den freigewordenen Flächen lassen sich bisher unerreichbare Bodenschätze erschließen.

60

Ein Blick in die Vergangenheit zeigt, dass Menschen das Meer verehrten und zugleich fürchteten. Die unergründliche Tiefe barg zahlreiche Gottheiten und Meeresungeheuer und das Leben mit und vom Meer erforderte Mut, Erfahrung und Weisheit. Stolze Völker der Menschheitsgeschichte wurden als Seefahrernationen groß und mächtig. Oft genannte Beispiele sind die Wikinger und die Kolonialreiche der Portugiesen, Spanier und Holländer sowie das Britische Empire. Hochstehende Kulturen erblühten an Küsten, die von kalten Meeresströmungen begleitet werden, zählen diese doch zu den fischreichsten Gewässern außerhalb der polaren Meere.

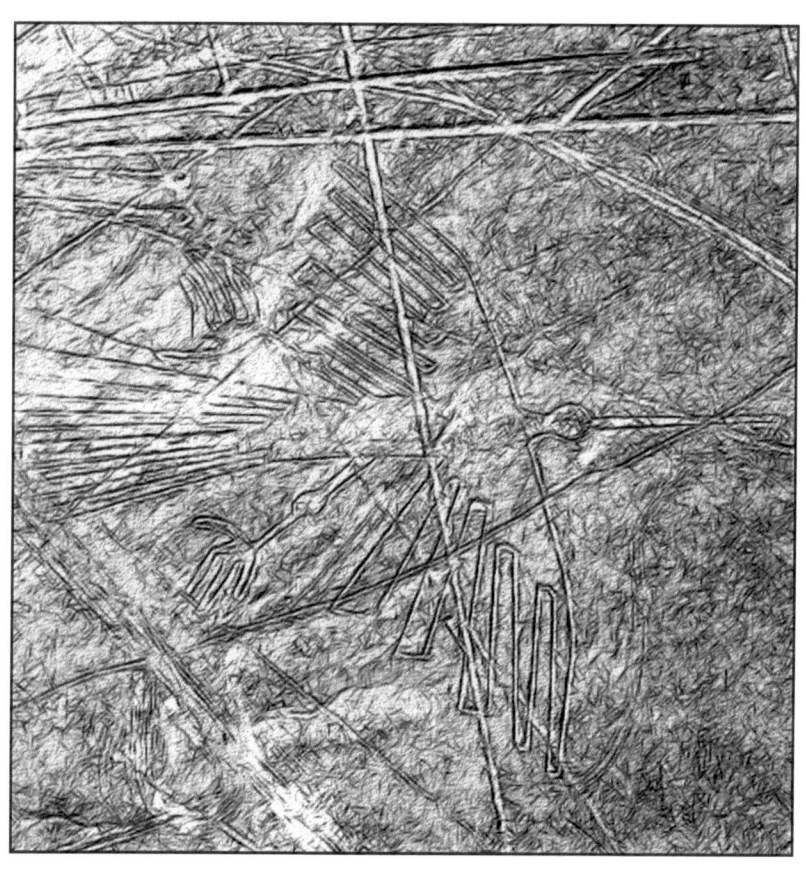

Nazca-Linien / Peru

61

Ein Beispiel für eine erfolgreiche Küstenkultur am kalten Humboldtstrom ist das Reich der Nazca, das im heutigen Peru vom 2. vorchristlichen bis ins 6. nachchristliche Jahrhundert bestand. Wegen der extremen Trockenheit der Küstenwüste erhielten sich bis heute die Scharrbilder dieser geheimnisumwitterten Kultur. Abenteuerliche Theorien ranken sich um die bis zu 20 Kilometer langen Linien und Figuren, die eine Fläche von 500 Quadratkilometern überziehen: Überdimensionaler, astronomischer Kalender, ritueller Kultplatz, Landebahnen für Ufos? Weil die Figuren in ihrer sinnstiftenden Ganzheit nur aus der Luft zu erkennen sind, zählen sie zu den großen Mysterien der Menschheitsgeschichte.

62

Salzwasser macht mehr als 97 Prozent des gesamten Wasserhaushaltes der Erde aus. 2,5 Prozent sind als Trinkwasser verfügbar, während der Rest in Eis gebunden ist. Der Wasserkreislauf reagiert sensibel auf jede Art von Klimawandel. Extremereignisse wie Hochwasser, Dürreperioden, zudem schwankende und umgelenkte globale Windsysteme, wie aktuell beim Regen bringenden Monsun, beeinflussen seit jeher die Lebensbedingungen auf der Erde. Das Wasser des Himmels verbindet oben und unten, bedeutet Segen und Fluch. Steht es im rechten Maß zur Verfügung, schenkt es Leben. Zu viel oder zu wenig davon bringt Siechtum, letztendlich den Tod.

Kochender Schlamm / Wai-O-Tapu – Nordinsel Neuseeland

63

Als Kind des Ozeans benötigt Leben für seine Existenz an Land Wasser, um seine unglaubliche Diversität zu entfalten. Der Molekularbiologe Norman Pace entwickelte eine Methode, mit der sich Mikroorganismen identifizieren lassen, ohne sie zuvor in Kultur zu bringen. Mit ihr wies er Anfang der 1990er-Jahre in einem Teelöffel Schlamm, den er einer heißen Quelle des Yellowstone-Nationalparks entnommen hatte, eine höhere genetische Vielfalt nach, als sie bis dahin für die gesamte Biosphäre angenommen worden war.

64

Feuchtigkeit bildet die Grundlage aller Vegetationszonen. Für das Gedeihen der Flora muss sich durch Verwitterung aus dem Ausgangsgestein Boden entwickeln, dessen Beschaffenheit maßgeblich vom Wasserangebot abhängt. Wechselfeuchte Steppenklimate bilden die Basis für die Bildung der fruchtbarsten Böden. Als wichtig erweist sich das dem Wechsel von Trocken- und Regenzeiten unterliegende Angebot von Feuchtigkeit. Der periodische Wassermangel führt der Erde im dürrebedingten Absterben der Vegetation jene Menge an Biomasse zu, welche die Produktivität des Bodens optimiert. Setzt der Regen wieder ein, sind Verrottung und Humusbildung abgeschlossen und der Boden ist ausreichend durchwurzelt, um nicht weggeschwemmt zu werden. Zu den auf diese Weise entstehenden wertvollen Böden zählen die Schwarzerde (Tschernosem) und Braunerde. Sie bedecken Teile jener Regionen der Nordhalbkugel, in denen, auf Basis erfolgreicher Landwirtschaft, die Industrienationen der Erde entstanden.

Flussoase / Niltal – Ägypten

65

Menschen in Trockenregionen sind auf Flüsse, fossiles Grundwasser und Bewässerungsfeldbau angewiesen. Von ihnen wird Regen als Segen empfunden und zahlreiche Kulte unterstreichen die stoffliche wie spirituelle Relevanz von Wasser. Der Landbau in den Oasen nutzt das überlieferte Wissen zahlreicher Generationen. So wachsen im Stockwerksystem kleinere Pflanzen im Schatten der größeren. Den Sonnenschirm bietet die Dattelpalme, deren Wurzeln das lebensspendende Nass noch in einer Tiefe von 25 Metern erreichen. Erst marktwirtschaftliche, exportorientierte Agrarindustrien vergreifen sich im Übermaß am fossilen Grundwasser, das sich über Millionen von Jahren sammelte, und gefährden somit die hochspezialisierten Wirtschaftsformen der Oasenbewohner.

66

Wie jede Lebensform, die es mit den feindlichen Verhältnissen der Wüste aufnimmt, erweisen sich nur bestens angepasste Völker auf Dauer als erfolgreich. Ethnien am Südrand der Sahara sind häufig großgewachsen und als hervorragende Läufer dem nomadischen Leben angepasst (Beispiel: Massai). Jede Wüstenkultur verstand sich ursprünglich darauf, mit besonders feinen Sinnen auf die Natur einzugehen, um im Einklang mit dieser eine nachhaltige Wirtschaftsmethode zu entwickeln. Bevölkerungsdruck und die durch Klimawandel und Übernutzung verursachte Desertifikation (Ausbreitung der Wüsten) zwingen heute bereits einen Teil der Menschen in der Sahelzone, ihre Heimat zu verlassen.

Liane im Regenwald / Khao Lak – Thailand

67

Weiter auf den Spuren der Geofaktoren als Basis für die Ausbildung unterschiedlichster Lebensformen: Die bisher erläuterten Klimaelemente Temperatur und Niederschlag stehen in direktem Zusammenhang mit den vorherrschenden Beleuchtungsverhältnissen und deren jahreszeitlichem Wechsel. Ein genauerer Blick auf das Licht und dessen Einfluss auf das Leben erweist sich als erhellend. Licht und Wasser sind die Botenstoffe, welche der Oberfläche der Erde den notwendigen Wachstumsimpuls gaben, um sie mit einer Haut schwellender Materie zu überziehen. Die Biosphäre bildete eine Kette aus Lebewesen, die sich aus Licht verkörperte. Die Pflanzen transferierten mittels der Photosynthese Lichtenergie in ihren Körper. Später nutzten Tiere das ihnen geöffnete Lichtfenster, indem sie sich von Pflanzen ernährten.

68

Das dem Tageslicht zugewandte Wachbewusstsein des Menschen findet seine Ergänzung im nächtlichen Schlaf mit seinem unbewussten Traumgeschehen. Unsere nach außen gerichtete Aktivität paart sich weitgehend mit der Anwesenheit von Licht, während wir uns im Dunkeln nur scheinbar passiv verhalten, weil sich unser Gehirn auf eine nach innen gerichtete Ebene konzentriert. Wenngleich unser Leben von beiden Daseinszuständen abhängt, ist gefühlsmäßig nur die Seite des Lichts eindeutig positiv besetzt. In realer wie mentaler Dunkelheit sehnen wir uns nach dem Licht am Ende des Tunnels.

Fjordlandschaft / Preikestolen – Norwegen

69

Nordeuropa stellt jenen Teil der Erde dar, in dem Zeitdauer und Dichte der Wolkendecke am höchsten sind. Blonde Schweden sowie rothaarige Iren und Schotten leben in dieser Region. Ihre zumeist helle Haut ermöglicht die optimale Aufnahme des Lichts. Das daraus synthetisierte Vitamin D begünstigt den Aufbau und Bestand der Knochen. Menschen mit fast schwarzer Hautfarbe finden wir in Südindien und bei den Bantus in Afrika. Hier bietet die dunkle Pigmentierung den besten Schutz vor der glühenden Sonne.

70

Nur auf der nördlichen Hemisphäre reichen die bewohnbaren Landmassen weit genug in Richtung Pol, um über ihnen den jahreszeitlichen Wechsel der Beleuchtung in Polarnacht und Polartag übergehen zu lassen. In diesem abweisenden Umfeld entwickelte sich beispielsweise in Skandinavien ein zäher Menschenschlag, der lernte, in monatelanger Finsternis auszuharren. Der Sommer in subpolaren Regionen währt kurz und verleiht ein intensives Lebensgefühl. In den hellen Nächten der Mitternachtssonne genügen wenige Stunden Schlaf und die Leistungsfähigkeit ist trotzdem hoch.

Wandbild Elfe / Irland

71

Die Völker polarnaher Gegenden haben ein besonders inniges Verhältnis zur Natur, deren Lebendigkeit stark mythologisiert wird. Norwegische Trolle bevölkern den Fjell des Skanden-Gebirges. In Irland sind Feengestalten und der Kobold Leprechaun im Denken allgegenwärtig. Ein skurriles Beispiel hierfür stellt das Scheitern eines milliardenschweren Straßenprojekts dar, welches Mitte der Neunzigerjahre in Angriff genommen wurde. Es sollte die Städte Ennis und Limerik durch eine Autobahn verbinden. Ein Einheimischer brachte sich vor einem Bulldozer in Stellung und erklärte die Strecke zum Elfengebiet. Der aus Dublin gerufene Elfenbeauftragte verfügte einen sofortigen Baustopp.

72

Wenn sich Sonnwendfeiern schon in Mitteleuropa großer Beliebtheit erfreuen, so ist Midsommer in Skandinavien das Fest schlechthin. Sonnenkulte sind im Norden Europas seit frühester Geschichte überliefert. Denken wir nur an Stonehenge oder an das 90 Meter lange jungsteinzeitliche Grab Newgrange in der irischen Grafschaft Meath. Eine schmale Öffnung leitet dort am Tag der Wintersonnenwende einen Lichtstrahl in das Innere dreier Grabkammern.

Gletscherbach / Marmorslottet – Norwegen

73

Klimatische Einflüsse aus der Natur auf die Natur bezeichnen wir als exogene Kräfte. Diese wirken aus der Atmosphäre auf die Erdoberfläche ein und tragen erodierend zur Einebnung des Reliefs bei. Somit gestalten sie die Landschaft maßgeblich und minimieren deren Seehöhe. In der Geomorphologie bilden sie den Gegenpol zu den endogenen Kräften aus dem Erdinneren. Auf unserem Heimatplaneten wirken massive antagonistische Kräfte, zwischen denen wir Menschen unseren Platz finden müssen. Die sich unserem Einfluss entziehende Dimension der Naturgewalten unterweist uns in Bescheidenheit und Demut, indem sie uns in die Kette der Lebewesen als gleichwertiges Glied einreiht.

74

Bewegungen der Erdkruste erleben wir als Naturkatastrophen. Die Verschiebungen der Kontinentalplatten, hervorgerufen durch Konvektionsströme des Magmas im äußeren Erdmantel, heben und (seltener) senken die Erdoberfläche. Sie äußern sich in Form von Erbeben und vulkanischen Eruptionen. In Zeiträumen jenseits menschlichen Erlebens bildeten sich als Folge des Wirkens der endogenen Kräfte Gebirge und Grabenbrüche.

Aoraki-Mount Cook Nationalpark / Neuseeländische Alpen
Südinsel

75

Bewegungen der Erdplatten lassen neues Land entstehen und wieder verschwinden. Letzteres geschah mit den beiden Inseln Neuseelands, die einen kleinen Kontinent bildeten, ehe sie in die Subduktionszone des pazifischen Feuerrings gerieten und somit quasi verschluckt wurden. Im Afrikanischen Grabenbruch entsteht hingegen neuer Ozeanboden. Hotspotvulkane formen Inselgruppen in der Weite des Ozeans, wie beispielsweise den Archipel von Hawaii. Entledigen wir uns in der Betrachtung der Vorgänge auf der Oberfläche unseres Planeten des Korsetts der Zeit, eröffnet sich eine Lebendigkeit von ungeahnter Dimension.

76

Orogenese ist der wissenschaftliche Fachbegriff für die Gebirgsbildung, welche durch Kollisionen in der Erdkruste verursacht wird. Hochgebirgsregionen oberhalb der Waldgrenze zählen zur Anökumene. Sie können bestenfalls periodisch für Almwirtschaft und touristische Zwecke genutzt werden. Menschen, die in extremer Seehöhe leben, zeigen als physiologisch junge Anpassung eine größere Menge roter Blutkörperchen, welche die Verwertung von Sauerstoff im Körper optimiert.

Uro-Frau / Titicacasee – Peru

77

Eine optimal angepasste Physiognomie beobachten wir bei den indianischen Völkern des Altiplano, jener zwischen 4000 und 5000 Höhenmetern gelegenen Hochfläche innerhalb der peruanischen und bolivianischen Anden, sowie bei den Bewohnern der Täler des Himalaya und des tibetanischen Hinterlandes. Haut und Gesichtsform sind der mit der Seehöhe zunehmenden UV-Strahlung im Sonnenlicht angepasst. Das Leben in einer Grenzregion der Besiedlung zwingt die Menschen, ihr Wissen über die Natur der nachfolgenden Generation weiterzugeben. Dieses lebt von der Einsicht, wie verletzlich der Mensch, aber auch das Ökosystem ist, welches sich bei Eingriffen nur äußerst langsam regeneriert.

78

Kurze Vegetationszeiten, der rasche Wetterwechsel, im Winter der Weiße Tod: Das Leben im Gebirge stellt eine ständige Herausforderung dar. Der Schutz des Bannwaldes und die regelmäßige Mahd der Lawinenstriche können lebensrettend sein. Doch bei aller Mühsal tauschen Gebirgsvölker selbst in modernen Zeiten ihr karges Leben selten mit den bequemeren Umständen in tieferen Lagen. Den Elementen der Natur ausgesetzt, fühlen sie sich dem Göttlichen nahe, egal welcher Glaubensrichtung sie angehören. In Dialekt, Brauchtum (Riten, Festen, Tracht) und Hausbau (Steildächer, Hofformen) bilden sich kleinräumlich äußerst verschiedene Kulturen aus.

Tengger Caldera / Bromo, Java – Indonesien

79

Was das Faszinosum ihrer Erscheinung betrifft, nehmen es Vulkane selbst mit den höchsten Bergen am Dach der Welt auf. Nicht einmal die permanente tödliche Gefahr, die von ihnen ausgeht, hält Menschen davon ab, in ihrem Umfeld zu siedeln. Fruchtbare Böden als Ergebnis der mineralstoffreichen, verwitterten Asche und Basalt- beziehungsweise Schwefelabbau zählen zu den wirtschaftlichen Argumenten, die Nähe der Vulkane zu suchen. Heißes Tiefenwasser wird wegen seines Reichtums an gelösten Mineralien zu Heilzwecken in Thermen und als Mineralwasser genutzt.

80

Selbst in aufgeklärten Gesellschaften umweht Vulkane der Odem göttlicher und archaischer Urgewalt. Schon der Ursprung ihres Namens bezieht sich auf Vulcanus, den römischen Gott des Feuers und der Schmiede. Wenn die Feuerberge ausbrechen, mögen wir zwar an Magmakammern und Druckentlastung denken, doch tief in uns hören wir auf Gaias mächtige Stimme. Ihr rotglühendes Inneres verströmt eine Lebendigkeit, die von nichts Irdischem überboten wird.

Shiva-Darstellung / Bali

81

Im Zentrum Balis (Indonesien) liegt der heilige Berg Gunung Agung. Die Tempel des Landes, desgleichen die Straßen der Dörfer sind auf den Vulkan hin ausgerichtet. Dieser wird nach hinduistischem Verständnis mit Shiva gleichgesetzt. An den Flanken des Agung liegt Pura Besakih, die größte Tempelanlage des Landes. Im Abstand von jeweils hundert Jahren begehen die Gläubigen die Eka-Dasa-Rudra-Zeremonie, ein großes Opferritual, welches das Universum reinigen soll. Alle Vulkangottheiten steigen nach ihrer Vorstellung zu diesem Anlass vom heiligen Berg herab, um in den Schreinen von Besakih zu wohnen.

82

Der vierarmige Shiva Nataraja tanzt in einem Feuerring Schöpfung und Zerstörung. In einer Hand hält er die Trommel, die den Urklang darstellt, in der andern das Feuer der Apokalypse. Die dritte deutet auf den in Leichtigkeit gehobenen Fuß des Tänzers, die vierte weist geöffnet nach oben, als wolle sie sagen: Fürchte dich nicht. Der den Boden berührende Fuß Shivas steht auf einem Zwerg, der das Ego symbolisiert. Er bildet die Basis der Schöpfung, die Erkenntnis, welche das Mysterium Shivas schaut.

Vollmondnacht in der Tundra / Lappland – Finnland

83

Kosmische Einflüsse überbieten in ihrer Größe Vulkane, sind allerdings dem modernen Menschen fremd geworden. Biorhythmen, Zyklen des Mondes und der Planeten interessieren neben hochspezialisierten Wissenschaftlern auch Esoteriker, die indes eher belächelt werden. Hobbygärtner und nachhaltig wirtschaftende Landwirte wissen um die Wirksamkeit von Aussaat- und Erntetagen und den richtigen Zeitpunkt für den Erziehungsschnitt der Obstgehölze. Mondrhythmen bestimmen, wann feuerfestes und sogenanntes langlebiges Bauholz geschlagen wird. Elektromagnetische Frequenzmuster finden wir in der irdischen Atmosphäre wie im Trinkwasser und in Lebensmitteln.

84

In den Phasen des Voll- und Neumondes wirken die Anziehungskräfte unseres Erdtrabanten mit denen der Sonne zusammen. Zieht man eine Analogie zwischen menschlichem Blut und Ozeanwasser, wird ein Zusammenhang vorstellbar, obwohl für die Mondfühligkeit des Menschen wissenschaftliche Erklärungen fehlen. Das Gesetz von gegenseitiger Beziehung lässt zu Vollmond unser Blut in Wallung geraten, der Ozean reagiert mit Springfluten und Pflanzen mit aufwärts gerichtetem Saftstrom.

Polarlicht / Äkäslompoli, Lappland – Finnland

85

Atmen wir besonders tief ein, schöpfen wir das Volumen unserer Lunge aus und sind in der Lage, dreimal so viel Luft in unseren Körper zu pumpen als bei normalem Atmen. Helfen Vorstellungen, die Nähe der Natur zu unserem Sein zu erfassen, warum nicht dieses Bild für das Wirken des Erdtrabanten auf seinen Mutterplaneten verwenden? In tiefem Luftholen zieht der Mond an der irdischen Atmosphäre, Hydrosphäre und Lithosphäre. Warum nicht auch an der Biosphäre?

86

Unser Gefühl, vom anderen getrennt zu sein, beruht möglicherweise darauf, dass wir lediglich die Außenseite der Dinge wahrnehmen. In der Schule des intuitiven Sehens zu lernen, hätte revolutionäre Auswirkungen auf die gesamte Menschheit. Vielleicht unterliegen wir einem fundamentalen Irrtum, wenn wir den Kosmos als eine zufällige Ansammlung toter Materie interpretieren. Auf alle Fälle beendete ein Umdenken unsere Gleichgültigkeit gegenüber der Natur und dem durch uns verursachten Sterben. Wer einmal in seinem Leben unter den wehenden Vorhängen des Polarlichts (Aurora borealis) stand, oder, abseits jeglicher Lichtverschmutzung die Milchstraße schaute, zweifelt nicht mehr daran, dass jedes unserer Atome aus Sternenstaub besteht.

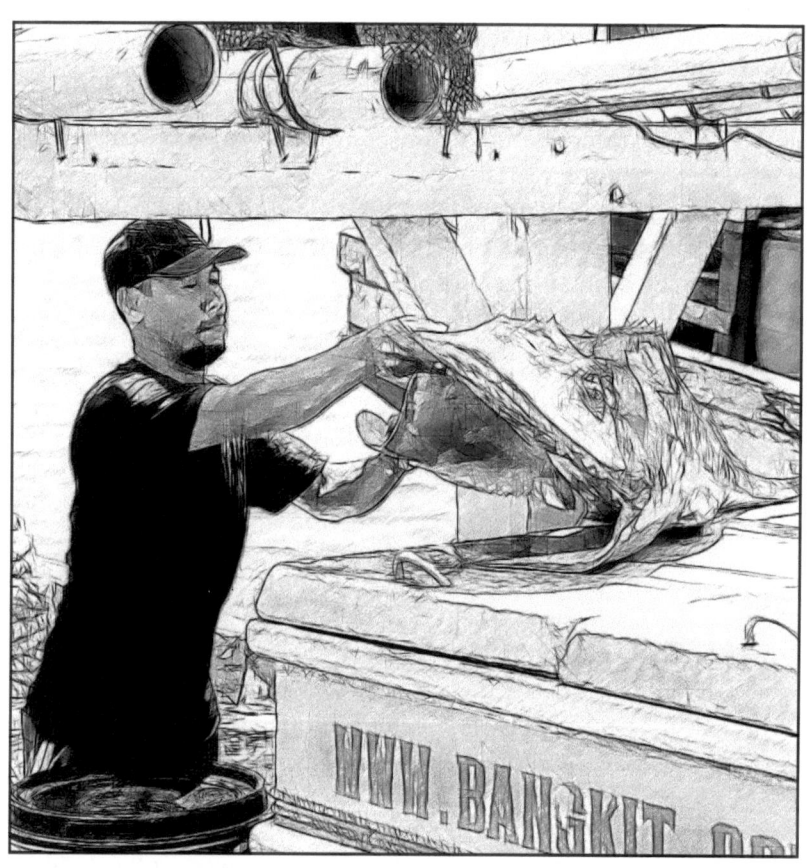

Fischmarkt / Probolinggo, Java – Indonesien

87

Zum Abschluss der Ausführungen zur vielschichtigen Beziehung zwischen Mensch und Natur wenden wir uns der Flora und Fauna zu. Seit jeher nutzt der Mensch die lebendige Umwelt zur Nahrungsbeschaffung. Gehen wir gedanklich in der Menschheitsgeschichte zurück, sehen wir, dass die Jagd stets als männlicher Aufgabenbereich galt. Seit jeher zeigen sich Jäger- und Sammlergruppen sowie Hirtengesellschaften vorwiegend patriarchal organisiert. Frauen und Kinder, der fortpflanzungsfähige Kern der Gesellschaft, sind nicht für den gefährlichen Teil der Nahrungsmittelbeschaffung zuständig und somit behütet. Die Blutsverwandtschaft spielt in der Jagdgemeinschaft der aufeinander angewiesenen Männer eine bedeutende Rolle.

88

Menschen fühlen sich Tieren nahe, dazu braucht es keine besondere Empfindsamkeit. Wir bewundern sie für ihre feinen Sinne, ihre Intelligenz und ihre Fähigkeiten, die in ihrer Spezialisierung oft genug die unseren weit überragen. Die räumliche und zeitliche Zielsicherheit der Zugvögel, die Wanderung der Lachse und Überlebensstrategien wie Winterschlaf, Mimikry und männliche Raffinesse beim Paarungsverhalten lassen uns staunen und erfüllen uns mit Freude.

Marktfrau / Probolinggo, Java – Indonesien

89

Mit einigen Tierarten gingen wir Menschen schon früh Zweckgemeinschaften ein. Katzen und Hunde erhielten einen besonderen Platz in unseren Herzen und gelten manchen bis heute als hellsichtige Seelenführer. Bastet wurde im alten Ägypten als Fruchtbarkeitsgöttin verehrt, wovon zahlreiche Darstellungen und mumifizierte Katzen Zeugnis geben. Der Große Hund gehörte zu den 48 Sternbildern der antiken Astronomie. Bereits die Babylonier sahen in ihm einen tierischen Gefährten, der den Jäger Orion begleitete. Die alten Ägypter deuteten dieselbe Kombination von Sternen am Nachthimmel als Anubis, ihre Gottheit der Totenriten und der Mumifizierung.

90

Trotz aller Wertschätzung und Sympathie waren Tiere in der Menschheitsgeschichte in erster Linie bedeutende Helfer im Überlebenskampf. Zwischen Nutztieren und Menschen entwickelte sich ein Band aus gegenseitiger Abhängigkeit. Es gereicht unserer Spezies nicht zur Ehre, dass diese uns anvertrauten Lebewesen in den Fabriken der Agrarindustrie zu gequälten Kreaturen verkamen und zusehends unser Mitgefühl verloren. Gewinnmaximierung vor Achtung – der Neoliberalismus lässt grüßen.

Kräutersammlerin / Lötschental – Schweiz

91

In Regionen mit ausreichendem Niederschlag bildeten sich in der frühen Menschheitsgeschichte Ackerbaugesellschaften heraus, in denen Frauen eine wichtige Rolle spielten. Diese verrichteten den Großteil der Feldarbeit und galten als pflanzenkundig. Das Wissen um Heilkraft und Zauberkunst stand in weiblicher Tradition und die Vererbungslinie verlief matrilinear. Dem Landbesitz folgend, zog der Mann nach der Hochzeit zur Familie der Frau, eine Tradition, die man heute noch beispielsweise bei Ethnien in den Bergdörfern der indonesischen Insel Flores findet.

92

Hier reicht eine matriarchal organisierte Gesellschaftsstruktur bis in die Gegenwart. Weil die Feldfrüchte in ihrer Kultur als Kinder der Mutter Erde angesehen werden, hat sich ein ausgeprägter Opferkult erhalten. Seine Ursprünge reichen in neolithische Zeit zurück. Nichts darf der Natur ohne Gegenleistung entnommen werden. Diese Lebensmaxime ist umso bemerkenswerter, als sie sich im Reichtum einer üppigen tropischen Natur entwickelte. Im Mittelpunkt des Ngada-Dorfes Bena werden regelmäßig Blutopfer in Form von Schlachtungen von Nutztieren durchgeführt. Über den Naturzauber hinausgehend sind diese Riten Teil eines Ahnenkultes. Die Menschen verehren den Tod als unabdingbares Gegenstück zum Leben.

Begräbniszeremonie / Tana Toraja, Sulawesi – Indonesien

93

Bei dem Volk der Tana Toraja auf Sulawesi (ebenfalls Indonesien), das erst Anfang des 20. Jahrhunderts den ersten Kontakt mit der Außenwelt hatte, können wir nach wie vor aufwendige Begräbnisfeierlichkeiten beobachten. Opferungen von bis zu hundert Büffeln und Schweinen sollen den sozialen Status der weggegangenen Seele im Jenseits heben. Werden Dinge des täglichen Gebrauchs zu den Grabstätten gebracht, ermöglichen diese den Verstorbenen ein bequemes Leben in einer Daseinsform, die nicht in einer Unter- sondern Oberwelt angesiedelt ist. Es scheint, als wollten die Hinterbliebenen die Seelen davon abhalten, wiederzukehren. Ahnenkult und grausam erscheinende Opferungen gelten in der westlichen Welt als archaische Praktiken, die wir ablehnen. Wir vergessen dabei jedoch, dass wir diese als Touristen mit unseren Geldflüssen bis in die Moderne am Leben erhalten und gleichzeitig die Herzlosigkeit der industriellen Fleischproduktion stillschweigend tolerieren.

94

Blutopfer dienen unter anderem dazu, den Verstorbenen ins Jenseits zu geleiten. Bei aller Trauer, die Angehörige von Naturvölkern beim Verlust eines geliebten Menschen empfinden, scheinen sie die Unausweichlichkeit des Sterbens dem natürlichen Gegenpol der Geburt entgegenzustellen und daraus Kraft zu schöpfen. Als kulturell Außenstehender glaubt man bei so mancher Begräbnisfeierlichkeit sich in ein ausgelassenes Dorffest verirrt zu haben.

Totenkult / Tana Toraja, Sulawesi – Indonesien

95

In westlichen Gesellschaften betrachtet man die Auseinandersetzung mit dem Tod als Privatsache. Gespräche darüber werden selten geführt. Zunehmend mehr Menschen binden ihre Existenz ans Stoffliche und klammern Werden und Vergehen aus dem Bewusstsein aus. In diesem Zusammenhang steht der Umstand, dass die Geburt in unseren Gebärkliniken wenig Natürliches und schon gar nichts Kultisches mehr an sich hat. Die Begleitung der Sterbenden erfolgt in den meisten Fällen im Hospiz und liegt in den Händen speziell ausgebildeter Fachkräfte.

96

Schamanismus ist alt wie die Menschheit selbst. Im Eigenverständnis handelt es sich bei den Erfahrungen der Eingeweihten um reale Wahrnehmung, um ein Sehen mit den Augen der Seele. Somit haben diese wenig mit dem modernen Begriff Glauben zu tun. Bei indoeuropäischen Völkern folgte der Schamane im Schlachten und Zerstückeln des Opfertieres der Annahme, Gaia schenke in der Materialisierung ihr eigenes Wesen und spalte dieses in Einzelteile auf. Die Rituale verstärkten somit die Schöpfung im Sinne der Welterhaltung. Opferungen beinhalten die Idee, Blut sei der Träger des Geistes. In ihr erklärt sich die instinktgebundene, tierische Intelligenz mit der Wirksamkeit einer Gruppenseele (Egregore). Je wärmer und dunkler das Blut ist, umso stärker inkarniert der von der Natur abgetrennte Geist. In der Spezies Mensch entfernt sich dieser ausreichend weit vom Ursprung, um sich als eigenständiges Ego zu empfinden.

Supertree Groove / Gardens of the bay – Singapur

97

Natur und Mensch, Mensch und Natur sind unsichtbar verbunden. Es stellt sich die Frage nach den Möglichkeiten, sich im gegenseitigen Interesse dessen erneut bewusst zu werden. Alte heidnische Praktiken aufleben zu lassen, erscheint weit hergeholt und nicht unseren aktuellen Lebenswelten entsprechend. Zudem ist die Evolution längst vorangeschritten. So belegen Untersuchungen, die neuronalen Bahnen im Gehirn unserer Kinder unterscheiden sich bereits als Folge des täglichen Umgangs mit Smartphone und Computer von denen der Eltern- und Großelterngeneration.

98

Die Gewöhnung an eine schnelle Abfolge starker visueller und auditiver Reize steigert zwar die rasche Aufnahmebereitschaft und Reaktion, mindert jedoch die Fähigkeit zur längeren und tiefgreifenden Konzentration auf eine Sache. Die mit digitalen Medien verbrachte Zeit fehlt für Bewegung, Musizieren oder einfach direkte Kommunikation. Das Gespür für zwischenmenschliche Kontaktaufnahme nimmt ab, körpersprachliche Signale werden falsch interpretiert. Es liegt nahe, wenn gleichzeitig die Sprache der Natur zunehmend unverstanden bleibt. Mit Sicherheit wird die abnehmende Fähigkeit der heranwachsenden Generation, sich selbst als lebendig wahrzunehmen, als Gefahr unterschätzt. Gerade diese Jugend sieht sich mit den gewaltigen Problemen konfrontiert, welche unsere Generation hinterlassen wird.

Plage de Bodri / Korsika

110

99

Zahlreiche Heilslehren predigen oftmals dogmatisch, in welchem übergeordneten Zusammenhang der Mensch mit der Natur steht. Mein persönlicher Lebensweg führte mich hinaus aus der Stadt und, auf meinen Reisen, hinaus in die Welt. Fremde bleiben in ihrer Beobachterposition immer außenstehend. Zudem hat man mit Flugreisen und der Nutzung touristischer Infrastruktur Anteil an Belastungen von Ökosystemen und materialistischen Denkprozessen. Dennoch bilden gerade die von Reisen mitgebrachten Eindrücke die Initialzündung für meine Metamorphose von der bloß denkenden zur fühlenden Kosmopolitin.

100

Es sind die ruhigen Augenblicke in der Natur, die meinen Heilungsprozess in Gang setzen. Schönheit zu empfinden bedeutet für mich, seelisch hineinzufließen, bis ich mich dem makrokosmischen Wesen der Naturerscheinung annähere. Wie ein Sturm zu fliegen, wie ein Fluss zu strömen, wie Feuer zu brennen und sich in einer Blume der Sonne zu öffnen, ist unvergesslich. Obschon es zwangsläufig bei der Imagination bleiben muss, entsteht aus Intuition und Empathie eine subjektive Wirklichkeit, welche die objektive (reale) an Bedeutung und Intensität oftmals übertrifft.

Vale Verzasca / Tessin – Schweiz

101

Überdies hilft mir der kreative Ausdruck, mich dem Zentrum menschlichen Seins anzunähern. Ich bin überzeugt davon, die intensive aktive oder passive Begegnung mit einer Form von Kunst öffnet den Menschen für eine Metaebene und schenkt darin ein Erleben, das schamanischen Praktiken nahe kommt. Mehr als 2500 Jahre alt sind die Worte des Philosophen Pythagoras: „Ein Fels ist zu Stein gewordene Musik." Allein der Umstand, dass Kunst in ihrer reinen Form zweckfrei bleibt, kultiviert einen glückbringenden Teil unserer Menschlichkeit.

102

Von Milliarden von Schwingungsmöglichkeiten wählt sich der Kosmos die wenigen tausend aus, welche in einem harmonischen Verhältnis zueinander stehen und somit musikalisch Sinn ergeben. Der Legende nach experimentierte Pythagoras in einer Schmiede mit dem Klang verschieden langer Stahlstäbe. In den ganzzahligen Teilungen erkannte er die Schwingungsverhältnisse der Intervalle, die auf den in jedem Klang verborgenen Obertönen beruhen. Diese sind nicht als Tonhöhe hörbar, sondern veredeln Schallschwingungen mit ihren Klangfarben.

Sonnenblume

103

Der deutsche Musikproduzent und Autor Prof. Joachim-Ernst Berendt dringt in seinem vieldiskutierten Buch Nada Brahma / Die Welt ist Klang tief in die Materie ein. Er spricht darin von Milliarden von Schwingungsmöglichkeiten, aus denen das Universum sich mit überwältigender Präferenz die wenigen tausend auswähle, die harmonikalen – was letztlich heißt: musikalischen – Sinn ergeben. Als Beispiele führt er an: die Proportionen der Planetenbahnen, der DNS-Gene, Blatt- und Kristallformen, die Verhältnisse im Periodischen System der Elemente, die Quantelung im Atomkern und Spins der Elektronen. Das Verhältnis von 1:1 Million, mit dem das Universum sich für Klänge entscheide, könne auch in der großzügigen Auslegung einer positivistischen Wissenschaft nicht als Zufall bezeichnet werden.

104

Öffnen wir uns der Musik, dem für mich erhabensten Ausdruck menschlicher Kreativität, und den Klängen der Natur, hören wir eine Sprache, die dem Urgrund unseres Seins entspricht. Klang existiert selbst im wissenschaftlichen Denken als Abstraktum. Wir empfinden Musik, ehe wir sie spielen. Wenn wir in Noten lesen, hören wir die Musik in unserem Innern. Wenn in uns eine Melodie entsteht, ist sie da, ehe wir sie in ein Instrument oder in unsere Stimme einfließen lassen. Wir folgen darin dem Universum, das ständig Klänge manifestiert.

Mohnblume

105

Staunend sehe, höre und fühle ich das Wunder des Lebens, welches in Vater Kosmos und Mutter Erde ein Bild findet, das mir äußerst liebenswert erscheint. Hingegen hinterfrage ich eine gottgewollte Schöpfung, die den Menschen als Schlusspunkt setzt, mit dem Auftrag, sich die Erde untertan zu machen. In der gängigen Auslegung der biblischen Genesis lässt sich der Mensch folglich mit Insignien der Macht versehen. Wir unterliegen in dieser narzisstischen Interpretation des göttlichen Auftrags einem fatalen Irrtum. Zudem übersehen wir, ein gütiger und pflegender Herrscher erhält sich die Untertanen, aus denen er seinen Anspruch definiert. Ohne diese ereilt ihn selbst sein Schicksal.

106

Weil ich meine prägende Sozialisierung im Abendland erfahren habe, dessen hochstehende Kultur ich, gerade als Kosmopolitin, schätze, versuche ich unser überhebliches Verhalten mit der Entfremdung vom Kern der christlichen Lehre zu erklären. Keinesfalls eignet sich dieser Gedankengang als Ausrede. Hoffnungslos romantisch lege ich lieber Gaia Worte in den Mund, mit denen diese ihrem Wunsch Ausdruck verleiht, sich in meinen Augen selbst zu erblicken. Und Gaia sprach: „Es werde Mensch."

Teil B

Anton Christian Glatz

Krallen wir
uns ein Stück Nacht heraus

1

Die Menschen trugen die Fackel der Erkenntnis in die Wildnis. Unwissend stolperten sie damit über die Oberfläche des Planeten Erde und zündete halbe Gegenden an. Um sich selbst in den Labyrinthen, die sich auftaten, nicht zu verlieren, schrieben sie Bücher. Diese mögen der Orientierung dienen, diese verleihen vermeintlich den so dringend benötigten Halt.

Manchmal indes sind die Wege, die Bücher weisen, trügerisch und herbe Enttäuschung geht mit der Erfahrung Hand in Hand. Am Ende liest jeder Mensch im Buch seines eigenen Lebens.

2

Das menschliche Leben allgemein und die Gesellschaft im besonderen unterliegen einem stetigen Wandel. Das an sich ist eine Binsenweisheit, denn wann hätte sich menschliches Leben nicht verändert? Indes vollzieht sich der Prozess aktuell in einem Tempo, das uns vor Aufgaben stellt, die in ihrer Dringlichkeit so neu wie schmerzvoll sind.

Insbesondere drängt sich die Frage auf, ob unser Leben noch unserer Natur entspricht. Der moderne Mensch – ein Frankenstein, gefangen in einem diabolischen Hamsterrad, das er durch seine eigenen Schöpfungen für immer in Gang gesetzt hat?

3

Eine reflektierte Betrachtung der Situation scheint unerlässlich. Aufgrund der Komplexität des Themas und der unterschiedlichen Zugänge geht diese am besten von einer Definition als Minimalkonsens aus. Im strengen Sinne verstehen wir unter Natur alles, was nicht vom Menschen geschaffen wurde. Dies bezieht sich im Besonderen auf die Umwelt.

Im allgemeinen Sprachgebrauch hingegen hat sich der Begriff zu einer kaleidoskopartigen Projektionsfläche entwickelt, die trotz aller schwammigen Ausdifferenzierung unser Anliegen sein muss. Alles andere entspräche keinem ganzheitlichen Zugang, welcher allein die Basis für einen strategischen Überblick verschafft.

4

Trotz kontinuierlicher Grundthemen vollziehen sich die evolutionären Mechanismen der Veränderung an allen Ecken und Enden in unterschiedlicher Gangart. Schon alleine deshalb ist der moderne Mensch gut beraten, als Natur nicht nur die von ihm unberührte Umgebung, sondern auch einen Teil seiner selbst und seines eigenen Verhaltens wahrzunehmen.

Wer sich heute um Natur Gedanken macht, findet sich in einem großen Orchester verwandter Themen und Konflikte wieder. Das Überleben unserer Art spielt nach wie vor darin die erste Geige. Soll diese nicht demnächst zu unserem eigenen Grablied anstimmen, heißt es, strategisch gründlich umdenken.

5

Der Menschen Kommunikation hat eine bestimmte Natur, ihre Ernährung kann ihre biologischen Bedürfnisse bedienen oder eben nicht. Menschliche Wahrnehmung hat eine natürliche Basis, welche wir künstlich zu verändern imstande sind, usw. Natürlichen Grundlagen begegnen wir da wie dort. Durch ihr Verhalten beispielsweise begründen die Menschen eine soziale Umwelt, bei der sich ganz besonders die Frage aufdrängt, ob sie (noch) ihrer Natur entspricht.

Wer sich der Fülle dieser Fragen stellt, landet unweigerlich bei einem Verständnis von Natur als dem Echten, dem Wahren, das, was wir allenfalls bewahren sollen und auf das wir uns gelegentlich wieder besinnen müssen, wollen wir heilen.

6

Das Leben schlug Wurzeln in der unbelebten Materie und saugte dort die Kraft, sich weiter zu manifestieren. Über die unbewusste Pflanzenwelt gelangte es in den Tieren zu Bewusstsein, in den Menschen zu reflektierendem Bewusstsein. Es ist, als schlüge jemand oder etwas die Augen auf.

Nach der immanenten Teleologie des Aristoteles liegt allen Dingen ein zweckgerichtetes Streben nach bestimmten Zielzuständen zugrunde. So etwa ist im Samen einer Tanne bereits angelegt, dass künftig eben eine Tanne ihre dunkelgrüne Spitze in den Himmel recken wird. Welchem Ziel entwickelt sich die Natur entgegen? Entfaltet sich so etwas wie eine universale Intelligenz?

7

Warum hat sich das reflektierende Bewusstsein der Menschen zur noch nie da gewesenen Gefahr für die Natur erwiesen? Immerhin beobachten wir in den letzten Jahrhunderten einen kumulierenden Konflikt zwischen Mensch und Umwelt, dessen Ende nicht absehbar, dessen Ausgang offen ist. Sämtliche Szenarien für die Zukunft sind alarmierend. Sie fühlen sich an, als hätten wir für einen Moment einen Blick in die Hölle geworfen und von dort zeigten künftige Generationen mit Fingern auf uns. Wir bewegen uns in einem Status, der für manchen Freund der Bibel nach einer neuerlichen Sintflut schreit. Segen, Fluch, oder beides?

Verständlich wird das befremdliche Gefühl, das einen beschleicht, wenn man mit Plastiktaschen, voll mit Konserven und Tomaten, die nie eine Sonne gesehen haben, das Auto besteigt, um damit umweltbelastend nach Hause zu fahren. Es fehlt bloß die Zeit, sich zu fragen, wann die Sackstraße zu Ende ist.

8

In wessen Natur liegt es, wenn sich dem Menschen mehr Fragen aufdrängen, als sich Antworten finden lassen? Ist es die Natur der Sache; wenn ja, was ist die Sache? Liegt es am Fragen selbst; wenn ja, warum ist es dergestalt unglückselig? Liegt es gar in der Natur des Menschen; wenn ja, wie lautet die Konsequenz?

Naturwissenschaft, Ontologie, jede Metaphysik – ein labyrinthischer Zaubergarten, der sich an allen Ecken und Enden fraktalartig verzweigt. Fragen über Fragen, auf welche die Antworten noch mehr Fragen gebären. Die Welt – ein Medusenhaupt?

9

Den zahlreichen Rätseln, welche die Natur den Menschen auferlegt, versucht dieser mit Konstrukten seines Intellektes zu begegnen. Er legt sich Weltanschauungen, nicht-religiöser und religiöser Natur, vor allem Gottheiten, zurecht. Diese werden mit bombastischen gesellschaftlichen Ansprüchen und mit Autorität ausgestattet. Weit abseits von wissenschaftlicher Überprüfbarkeit sind diese ihrer wahren Natur nach Kopfgeburten, intellektuelle orthopädische Gehhilfen, um zu kaschieren, wie im Grunde erbärmlich der Mensch durch ein Universum humpelt, das sich seinem verstandesmäßigen Zugriff entzieht. Dennoch wirkt das Placebo: Dem Unbekannten ist das Bedrohliche entzogen.

Das klingt nach Dummheit oder Selbstbetrug, ist jedoch vor allem ein Trick der Psychologie des Menschen, ihn mit seiner Umwelt zu arrangieren.

10

Liebe etwa ist ein zutiefst natürlicher Vorgang. Religiöse Konzepte haben eine Tendenz, diesen zu vereinnahmen. Im Alten Testament (Genesis 1,22) z. B. wird ein göttlicher Auftrag daraus: *„Gehet hin und vermehret euch."* Auch sonst bemüht sich jede Gesellschaft, das subversive Potenzial der Liebe zu kanalisieren. Sie darf sich nur unter gewissen Rahmenbedingungen entfalten.

Aus dem unmittelbaren Erleben, das die Natur für uns eingerichtet hat, wird ein mittelbares, weil durch intellektuelle Konzepte gefiltertes.

11

Der breite gesellschaftliche Konsens über diese weltanschaulichen Konstrukte stiftet kollektive Identität und eine kooperative Gruppendynamik. So entfaltet der Mensch ein Stück seiner sozialen Natur. Andererseits schafft er genauso Ab- und Ausgrenzung mit vielen Konflikten im Kielwasser.

Was einerseits verbindet, trennt andererseits unweigerlich, denn es sind bloß zwei Seiten derselben Münze. Diese Trennung ist oft schmerzhaft. Sie kostete (und tut dies noch immer) unzählige Leben in Kriegen, die niemals gewütet hätten, wenn nicht z. B. die einen von Gott, die anderen von Allah geredet hätten. Sie schafft Witwen und Waisen. So entfaltet der Mensch ein Stück seiner asozialen Natur.

12

Je kleiner die soziale Gruppe, desto mehr steht der kooperative Aspekt im Vordergrund, das Konkurrenzprinzip bleibt im Hintergrund. Bei größeren Gruppen drängen sich tendenziell die Unterscheidungen und damit das latente Konfliktpotenzial in den Fokus der Wahrnehmung. Auch soziale Gruppen verfügen über eine Natur.

Was das Zusammenleben großer Kollektive, z. B. Christen und Moslems, betrifft, hat oberste Priorität, den Minimalkonsens zu finden. Dieser ist demokratisch und allgemeinverbindlich zu beschließen. Ohne Konsens drängt sich das Konkurrenzprinzip nach vor; die Aggression nimmt überhand. Die Generalstrategie lautet: Verbündete sind vorteilhafter als besiegte Feinde.

13

Als ein solcher Minimalkonsens bieten sich die Menschenrechte an. Wiewohl in überschaubaren Texten penibel ausformuliert, steht es um deren Verwirklichung erschreckend. Wir finden sie global viel zu halbherzig umgesetzt. Ganze Staaten geben bestenfalls Lippenbekenntnisse ab, Verstöße bleiben ungesühnt.

Die meisten Kirchen verweigern der Genfer Konvention ihre Unterschrift. Sie haben gar keine Möglichkeit dazu, weil die Menschenrechte *eben* die Rechte der Menschen formulieren, nicht die Pflichten gegenüber Gott. Kirchen sind keine demokratischen Organisationen und verkünden folglich eine grundlegend autoritäre Botschaft. Das Recht geht von Gott aus, Menschen haben zu gehorchen. Das ist ihre zentrale Position. Gelegenheiten für Laien, sich ins kirchliche Geschehen einzubringen, bilden keine echte Demokratie, gleichwohl sie gerne derart etikettiert werden. Sie dienen der besseren Optik und damit dem Systemerhalt.

14

Weltanschauliche Konstrukte erweisen sich im gleichen Maße als hinderlich wie förderlich. Dies entspricht ihrer ambivalenten Natur. Spekulative Weltdeutungen färben unsere Wahrnehmung der Welt ein, sie machen aus einer Wahr- eine Falschnehmung. Sich davon zu befreien, wäre ein Akt der Ehrlichkeit, ein Schritt, der uns unserer Natur als fragende Wesen näherbringen würde. Denn wir sind Fragende, nicht Antwortende.

Der Schriftsteller Kurt Tucholsky sagte: *„Ich glaube jedem, der die Wahrheit sucht. Ich glaube keinem, der sie gefunden hat."*

15

Erst die Wissenschaft entzieht diesen Konstrukten in einem mühsamen, heroischen Ringen seit der Renaissance den Boden der empirischen Legitimation, wodurch allen spekulativen Weltdeutungen, vor allem Religionen, das Wasser abgegraben wird. Dennoch müssen selbst wissenschaftliche Disziplinen im Kern als ein zeitgeschichtliches Konzept verstanden werden.

Trotz aller Erfolge bei der Mehrung des Wissens wird stets ein irrationaler Rest bleiben. Die rätselhaften Augen im Dunkel des Unbekannten weichen wohl, verschwinden aber keineswegs. Wie oft öffnen Antworten die Tür zu neuerlichen Fragen? Weisen sie nicht schmerzvoll auf Zusammenhänge hin, die sich unserem intellektuellem Zugriff hartnäckig weiterhin entziehen? Der irrationale Rest stachelt permanent die Neugier des Menschen an. So entsteht ein Sisyphos zwischen den Mühlen von Erfahrung und Erkenntnis, getrieben von seiner Natur, einem Horizont entgegen, der sich wieder und wieder als Fata Morgana erweist.

16

Wer weltanschaulichen Konstrukten mit Logik auf den Zahn fühlt oder sie abklopft auf empirische Deckung mit der Realität, erwacht bald blutend im Stacheldrahtverhau der Widersprüche.

Gleichwohl Ideologen und Theologen zu Hilfe eilen stellen wir fest: Der Schmerz bleibt beharrlich. Wer einmal zweifelt, und zwar aus tiefstem Herzen, für den gibt es kein Zurück. Am Ende des Weges wartet die Gewissheit, dass Konstrukte mit der wahren Natur der Dinge bestenfalls am Rande zu tun haben.

17

Nur wenn wir weltanschauliche Konstrukte konsequent verweigern ermöglichen wir uns ein unmittelbares, authentisches Erleben und damit wirklich pragmatisches Handeln im Interesse des Gemeinwohls. Eingebettet in ein funktionierendes Gemeinwesen vermag das Individuum seine ganz persönliche Nische zu finden, in der es sich wohl fühlen darf; wo mehr Tränen aus Freude, denn aus Schmerz vergossen werden.

Es mag den von allen Seiten verwöhnten modernen Menschen wenig befriedigen, wenn das kollektive Interesse das des Einzelnen übersteigt, doch fungiert das Gemeinwohl als das berühmte Boot, in dem wir alle sitzen. Hier aus egoistischen Gründen ein Loch zu bohren, weil dies kurz- oder mittelfristig Vorteile bietet, verfehlt jede Strategie. Letztlich fußt alles Leben auf kollektiver Strategie, nicht auf individueller Taktik.

18

Weltanschauungen wirken als Vermittler zwischen dem Individuum und der Umgebung. Überwiegend stellen sie jedoch keine hilfreichen Instrumentarien zur Verfügung, sondern verzerrende Filter. Mittelbarkeit des Erlebens ist die Folge. Letztlich entpuppen sie sich daher als Knüppel zwischen den Beinen. Wenn ihre Anhänger durchs Leben humpeln, darf es wenig wundern.

Es gilt, unsere Wahrnehmungsfilter zu durchforsten und alle auszuschalten, die mit unserer Natur inkongruent sind. Die Natur hat uns alles mitgegeben, was wir brauchen. Dieses Urvertrauen dürfen wir haben. Das Geheimnis liegt in der Unmittelbarkeit.

19

Das menschliche Wahrnehmungssensorium reißt auf verschiedenen Frequenzen die Umgebung aus dem Dunkel des Unbekannten. In den Streiflichtern unserer Sinne enthüllen sich die Informationen, welche für das biologische Überleben zweckmäßig sind. Zweckmäßig, nicht mehr, nicht weniger. Es handelt sich weder um alle Informationen, noch sind diese aus objektiver Sicht richtig, denn sie werden im Gehirn mannigfach selektiert und interpretiert.

Dennoch müssen wir darauf vertrauen, dass unser bescheidenes Fenster zur Wirklichkeit reicht. Immer wieder finden wir Menschen, welche die Grenzen ihrer natürlichen Wahrnehmung mit diversen chemischen Substanzen überschreiten. Diese treffen wohl auf andere Information bezüglich ihrer Umwelt, doch sind diese zum Großteil nutzlos, wenn nicht gar schädlich.

20

Seit Adams und Evas „Sündenfall" im Paradies befindet sich die Menschheit in einem permanenten, geradezu titanischen Ringen mit dem Unbekannten und Unwägbaren. Sie folgt ihrer Natur, wenn sie dies tut. Prometheus und Sisyphos sind würdige Ahnherren und Vorbilder dieses Kampfes.

Wenn sich alle menschlichen Errungenschaften auf der Tagseite befinden, so erstreckt sich die Nacht immer noch weit, viel weiter, als jedes menschliche Auge zu reichen vermag. Also: Krallen wir uns ein Stück Nacht heraus!

21

Im Ringen mit dem Unbekannten, insbesondere den Unwägbarkeiten des Lebens, schufen die Menschen der Vorzeit zuerst Artefakte: Werkzeuge aller Art, Bekleidung, Waffen, etc. Weil sich diese vordergründig bewährten, wurden sie von Generation zu Generation weitergegeben. Sie kultivierten über hunderttausende von Jahren eine Tradition, die zu den Glaspalästen moderner Business-Zentren führte. Im gleichen Maße wuchsen Unterschied und Konkurrenz zwischen Technologie und Biologie.

Misslingt der dringend benötigte Brückenschlag der Versöhnung, wird die Menschheit an diesem Antagonismus zugrunde gehen. Die Menschen können einen Kampf gegen die Natur ihres Planeten nur verlieren. Dieser hat bereits begonnen, zurückzuschlagen: die Erde erwärmt sich, das Wetter wird unberechenbar, Klimakatastrophen nehmen an Intensität zu, usw. Das evolutionäre Konzept Mensch droht demnächst zu scheitern.

22

Die Bionik stellt den konsequentesten Versuch in Richtung Versöhnung dar. Interdisziplinär aufgestellt versuchen Bioniker in Naturwissenschaften, Architektur, Philosophie und Design sich von natürlichen Prozessen inspirieren zu lassen. Der deutsche Zoologe und Begründer der modernen Bionik Werner Nachtigall (geb. 1934) sagte, der Gedanke der Übertragung von der Biologie auf die Technik sei dabei das zentrale Element.

Als Vorläufer dürfen wir Leonardo da Vinci sehen, der sich vom Vogelflug zu seinen Fluggeräten inspirieren ließ.

23

Zwei Beispiele: Das erste bionische Patent in Deutschland wurde 1920 vom Botaniker Francé für einen „Neuen Streuer" (Salz- und Pfefferstreuer) angemeldet. Die Erfindung war durch eine Mohnkapsel inspiriert. Der Schweizer Ingenieur und Unternehmer de Mestral brachte 1959 nach dem Vorbild der Kletten den ersten Klettverschluss in Umlauf.

Die Ergebnisse bionischer Anstrengung münden bislang stets in technischem Fortschritt. Das Paradigma, Umwelt und Fortschritt zu vereinen, sollte jedoch in alle Bereiche des Lebens übergeführt werden. Geht es um das menschliche Zusammenleben, bietet sich die Soziobiologie an.

24

Die Soziobiologie führt menschliches Verhalten im Vergleich mit anderen Lebewesen im Kern auf biologische Parameter, wie beispielsweise evolutionäre Effizienz, zurück. Vereinfacht sprechen wir von unserer Position im Kontext mit der natürlichen Umwelt. Im Bereich vieler Wissenschaften, besonders der Sozialwissenschaften, ist dieses Paradigma leider aktuell aus der Mode.

Einerseits wurden diese Ideen von den Nazis schwer missbraucht, weshalb wir sie politisch negativ konnotiert finden, andererseits laufen die dauernden Vergleiche von uns mit Mäusen, Käfern und allem, was da kreucht und fleucht, der menschlichen Eitelkeit zuwider.

25

Bionik und Soziobiologie bieten sich im dialektischen Gefüge: These (natürliche Umwelt) – Antithese (Mensch mit seinen Schöpfungen) als Synthese an.

Allein Bionik und Soziobiologie wären imstande, die Menschheit mit ihrer Umwelt zu versöhnen, ohne dass wir einen Großteil unserer Geschichte verleugnen müssen. Nur ein Fortschritt, der bewahrt, was unserer eigentlichen Natur entspricht, gerät nicht zur Quelle von Bedrohung und Gefahr, sondern zu einer der Lebensfreude. So möge es werden. Dazu bedarf es allerdings eines einschneidenden Paradigmenwechsels, den die elitären sozialen Schichten unserer Gesellschaft verhindern, weil sie vom Status quo profitieren. Kein Zustand einer Gesellschaft ist so denaturiert, dass es nicht jemanden gibt, der davon profitiert. Bedauerlicherweise handelt es sich um die Machtträger, die folglich echte Reformen hintertreiben.

26

Nicht der schmale, möglicherweise tiefe Blick, sondern die ganzheitliche Betrachtungsweise entspricht dem Bewusstsein des Menschen. Das Panorama versetzt uns in die Lage, über jede Taktik hinaus strategisch zu denken.

Insofern ermöglichen es Bionik und Soziobiologie, uns als Teil des Gesamten zu erleben. Unser Blick auf die Tiere wird liebevoll, handelt es sich doch um Schwester Spinne und Bruder Hund. Zu guter Letzt fühlen wir uns alle auf derselben Insel im Universum gestrandet, auf der wir vereint atmen dürfen.

27

Wenn sich die Philosophie in einem mühsamen Kampf seit der Renaissance von der Kirche emanzipierte, dann deswegen, weil weltanschauliche Bevormundung der menschlichen Neugier zuwiderläuft. Der Prozess gipfelte in Max Webers Forderung nach Werturteilsfreiheit in der Wissenschaft des 20. Jahrhunderts.

Es gelte, die Welt so zu beschreiben, wie sie ist, nicht wie sie sein soll. Obwohl sich das wie Trivialität anhört, welche niemand ernsthaft in Zweifel ziehen wollte, wird im totem Winkel der öffentlichen Aufmerksamkeit fleißig dagegen verstoßen. Die Obrigkeit unterstützt mit ihren Förderungen nur die Forschungen, die dem Zeitgeist entsprechen. Von subtiler Manipulation bis offensichtlichen Fake-News sind wir ständiger Desinformation ausgesetzt.

28

Desgleichen sei die Forschung nicht verantwortlich für die Verwendung ihrer Ergebnisse. Betrübliche Ereignisse des 20. Jahrhunderts zeigten jedoch, wie brutal totalitäre Regimes wissenschaftliche Ergebnisse für ihre Machtpolitik missbrauchten. Seither bemühen sich Wissenschaftler, sich des gesellschaftlichen Kontextes bewusst zu sein.

Davon unabhängig wissen wir, wie ungeniert sich Geheimdienste moderner Kommunikationsmittel zur Überwachung bedienen. Freilich geschieht dies zur Sicherheit der Bevölkerung, dennoch zeigen verschiedene Enthüllungen (Wikileaks), wie oft derlei ein geradezu karzinöses Eigenleben angenommen hat.

29

Der Neoliberalismus beinhaltet eine tendenzielle Bedrohung für die Natur unseres Wissens, weil sich der marktwirtschaftliche Erfolg als Zentralgestirn selbst im Kosmos der Forschung etabliert hat.

Fragen, die zu Ergebnissen führen, die sich schwer verkaufen lassen, bleiben ohne Antwort, lediglich was sich zur Marktschreierei eignet, erhält Unterstützung. Wissen wird um der Gewinnmaximierung willen generiert. Wer immer über Geld verfügt, finanziert die Untersuchung, die zu dem gewünschten Ergebnis führt. Aus der Forschung wurde ein zynischer Jahrmarkt. Dergestalt erhebt sich die Fratze der Bestechlichkeit in den stolzen, ehemals hoch-kultivierten Gärten unseres Wissens. Sollen wir Forschung mit der Natur unserer Neugier wieder in Übereinstimmung bringen, müssen wir sie vom finanziellen Erfolg entkoppeln.

30

Die Tendenz des Menschen, sein Eigenwohl über das Gesamtwohl zu stellen, führte unheilschwanger zur Entkoppelung von zivilisatorischem und spirituellem Fortschritt.

Dies findet wiederum seine Ursache darin, dass die Menschheit ihre strategische und taktische Intelligenz stärker entwickelte, als die soziale. Soziale Intelligenz und Kompetenz nachzuschärfen, drängt sich als zentrale Aufgabe der Menschheit aktuell in den Vordergrund. Der Mensch als evolutionäres Konzept ist noch lange nicht erfolgreich abgesichert.

31

Es liegt von jeher in der Natur der Menschen, sich selbst als Zentrum des Weltgeschehens zu sehen. Hierbei handelt es sich um eine Ausdrucksform kindlicher Egozentrik, die selbst ins Erwachsenenalter hinüberreicht. Daraus schlussfolgert, dass uns die Natur untergeordnet ist. Zudem begegnen wir selten einem Raubtier in einsamer Wildnis, welches knurrend unser Leben bedroht. Wir gleichen darin kleinen Kindern, die den Gesamtkontext nicht erfassen können, in welchem wir eine viel bescheidenere Rolle spielen.

Solche Egozentrik mögen wir für Menschen weit vergangener Tage als entschuldbare Fehlleistung kollektiver Eigenwahrnehmung billigen, doch im dritten Jahrtausend finden wir uns zu sehr von der biologischen Entwicklung entkoppelt. Wir laufen Gefahr, dass uns evolutionäre Prozesse demnächst als abgestorbenen Ast hinter sich lassen werden. Die Evolution kennt keine Gnade.

32

Dennoch bleibt der Kampf der Menschheit seit jeher der nämliche. Es geht um den eigenen Platz in einer rauen Welt, Nahrung und Fortpflanzung. Was ehedem Beute war, die erschlagen und mit blutigem Fell in die Höhle zu Frau und Kindern geschleift wurde, sind heute Vertragsabschlüsse, Umsatz, Marktanteile, kurz, alle Erscheinungsformen des Erfolges.

Die bisherigen Errungenschaften des Menschen in seinem Kampf um eine evolutionär gesicherte Nische schlagen sich, soweit sie sich physisch manifestieren, als Technosphäre nieder.

33

Die Technosphäre umfasst alle von Menschen geschaffenen Dinge, vom Kugelschreiber bis zu den Pyramiden. Sie wiegt 30 Billionen Tonnen, was 50 kg pro Quadratmeter Erdoberfläche entspricht. Dies klingt wenig im Vergleich zu den 5,977 Trilliarden Tonnen der gesamten Erde. Die Technosphäre kennzeichnet viele abstrakte, geometrische Formen, die wir in der natürlichen Umwelt viel weniger antreffen: Linien, Kreise, Quadrate, rechte Winkel usw., samt und sonders Manifestationen des Reißbretts, auf dem die meisten der Objekte entstanden sind.

Die Technosphäre überzieht die Erde wie eine Patina und verleiht ihr ein strahlendes Antlitz während der Nacht, weit ins Weltall hinaus. Dies in einem so extremen Ausmaß, dass wir schon von Lichtverschmutzung reden. Auf diese Weise brandmarken wir unseren Planeten. Ob das auf Dauer unser Vorteil bleiben wird, ist eine offene Frage.

34

Die Biosphäre bezeichnet allgemein sämtlichen Raum, den ein Planet dem Leben bietet. Wir müssen sie uns als dünne Hülle vorstellen, die von ca. 5 km unter der Erdoberfläche bis ungefähr 60 km ins Weltall, bis über die Stratosphäre, hinaufreicht.

In einem enger gefassten Sinne sprechen wir von sämtlichen Ökosystemen. In diesem Sinne unterscheiden wir drei Bereiche: Die Tiefe Biosphäre bezeichnet die Ökosysteme unterhalb der Erdoberfläche, die Hydrobiosphäre diejenigen der Gewässer und Geobiosphäre die Ökosysteme der Festländer.

35

Die Technosphäre hat einen entscheidenden Nachteil gegenüber der Biosphäre: Sie verhält sich parasitisch mit einer wesentlich geringeren Recyclingquote als die Biosphäre. Das macht sie tendenziell zur Bedrohung für alles Natürliche, ja des Lebens selbst.

Das Problem beginnt mit einer typischen Fehlleistung des menschlichen Intellektes: die Unterschätzung des Mittelbaren. Was uns nicht unmittelbar berührt, verliert an Dringlichkeit, bis es am Horizont unserer Wahrnehmung entgleitet. Unseren Blick endlich über den Tellerrand zu erheben und uns des Kontextes innezuwerden, gestaltet sich daher zur Überlebensaufgabe.

Es hängt entscheidend von uns selbst ab, in welche Richtung wir die Technosphäre weiterentwickeln. Noch ist in Schwebe, ob sie zum Keim unseres evolutionären Erfolgs wird, oder wir an unseren eigenen Errungenschaften scheitern. Wir dürfen niemals aufhören, die richtigen Fragen zu stellen.

36

Wir stehen vor dem Paradox, dass wir Technosphäre und Biosphäre sowohl als Gegensatz als auch als Ergänzung wahrnehmen müssen. Das ergibt in Summe ein äußerst komplexes Geflecht an Kausalitäten, in dem wir Menschen kaum einen Schritt von Bedeutung tun können, ohne dass die Gesamtheit zu vibrieren beginnt, wie ein Spinnennetz.

Wieder einmal bietet sich die Dialektik als Erkenntnisinstrumentarium an: Biosphäre (These) – Technosphäre (Antithese) – Synthese.

37

Es entspricht der Natur des Menschen, allen Geheimnissen auf den Grund zu gehen. Es entspricht nicht der Natur aller Geheimnisse, sich entdecken zu lassen. Diese erweisen sich bei rechtem Gebrauch als Quelle von Mythen, Märchen, Inspirationen aller Art.

Das erste der Geheimnisse besteht in den richtigen Fragen. Die zentrale Frage des Neoliberalismus „*Wie vermehre ich meinen Gewinn?*" ist es jedenfalls nicht. Solange wir um das Goldene Kalb kommerzieller Erfolg tanzen, durchdringen wir keine Schleier. Ganz im Gegenteil – wir verschleiern immer weiter; bis wir zuletzt die Hand vor unseren Augen nicht mehr erkennen.

38

Der extreme Individualismus des modernen Menschen lässt ihn vergessen, mit welch kollektiver Wucht er in das natürliche Geschehen auf seinem Planeten eingreift.

Blauäugig sitzen wir in der Kabine unseres Zuges, lassen uns das vegane Jausenbrötchen schmecken, kommunizieren über facebook mit weit entfernten Freunden wesentlich mehr als mit Reisenden, die uns gegenüber sitzen. Auf diese Weise genügen wir uns selbst und die Gewalt, mit der das Kollektiv Zug rast, nehmen wir nicht wahr. Dazu müssten wir aus dem Fenster sehen. Mehr noch: Wir reagieren konsterniert, werden wir daran erinnert. Aus der kindlichen Egozentrik herausgerissen zu werden, goutieren wir nicht.

39

In der griechischen Mythologie verliebt sich Narziss in sein eigenes Spiegelbild, das er auf der Oberfläche einer Quelle sieht. Als er sich zuletzt verzweifelt mit ihm vereinigen will, fällt er ins Wasser und ertrinkt.

Der moderne Mensch – ein Narziss; verliebt in seine Fähigkeiten, stolz auf seine Schöpfungen, berauscht von den Möglichkeiten, die sich ihm auftun, beschämt ob seiner Evolution, die als Repertoire archaischer Verhaltensweisen fest im Stammhirn sitzt und ihn an seine tierische Abstammung erinnert. Wird er ebenfalls ertrinken? Es sieht danach aus.

40

Wir Menschen meinen, uns von der Natur emanzipiert zu haben. Kluge Reden schwingend sitzen wir vor dem Monitor, der uns Excel-Tabellen zeigt, in einem vollklimatisierten Büro, egal ob draußen ein Frühlingssturm die Hüte von den Köpfen reißt, die Sommerhitze die Gäste im Schwimmbad schwitzen lässt oder ein Novemberregen die gute Laune verdirbt.

Wir haben uns vielfach unabhängig von der Natur gemacht, bzw. diese unseren Bedürfnisse angepasst. So entstand die weit verbreitete Illusion, wir stünden außerhalb natürlichen Geschehens. Dies kommt zwar unserer Eitelkeit entgegen und nährt die Vorstellung von der Selbstbestimmtheit des Lebens, was uns wesentlich mehr gefällt, aber es bleibt dennoch ein Trugbild. Dieses lockt uns in die Untiefen evolutionären Scheiterns.

41

Der Mensch ist das einzige Tier dieses Planeten, das über die Macht verfügt, sich bis zu einem gewissen Grad über den rein umweltbedingten Kontext zu erheben. Das ist ihm sogar so wichtig, dass er sich dies als quasi göttlichen Auftrag (*„Gehet hin und machet euch die Erde untertan"*, Altes Testament, Genesis 1,28) legitimieren ließ. Stolz und Hochmut schwimmen unerkannt im brackigen Kielwasser.

In unserer spirituellen Unreife wird uns erst dieser Tage bewusst, mit welch immenser Verantwortung unsere Position verbunden ist. Zögerlich wie ein Kind schrecken wir zurück. Statt den betrüblichen Fakten ins hässliche Angesicht zu blicken, sind wir bereit, jede Form von Ausrede zu akzeptieren. Trügerische und zugleich wohlgefällige Verschleierungsstrategien tun sich auf.

42

In der Tat sind die Instrumentarien, die eigene Welt zu konstruieren, sehr mächtig. Zahllos sind z. B. die Möglichkeiten, die Erscheinungsformen des Alters zu kaschieren. Gewinnbringende Märkte warten auf die Unternehmen, die bereitwillig das allgemeine Bedürfnis bedienen. Zunächst erfolgreich schiebt der Mensch den Zeitpunkt, da er sich seinem biologischen Alter stellen muss, hinaus.

Irgendwann kommt dennoch der Zeitpunkt, da kein Botox mehr hilft. Ein schlimmer Moment, da die Hybris wie ein Kartenhaus zusammenbricht. Und so leidet die moderne Menschheit am Dorian-Gray-Syndrom..

43

Die Illusion, über der Natur zu stehen, stellt eine mächtige Gefahr für den evolutionären Erfolg der Spezies Mensch dar. Wie soll sie ohne Blick für den Gesamtkontext ihren Platz im großen Gefüge finden, ja – wiederfinden?

Evolutionär erfolgreich ist z. B. die Kellerassel. Seit mindestens 160 Millionen Jahren lebt sie so gut wie unverändert auf diesem Planeten. Sie sah Lebewesen, die einen weit imposanteren Eindruck machen, kommen und gehen: Mammuts, Säbelzahntiger ... Wird sie sich eines Tages auch des Menschen erinnern?

Es liegt in der Natur einer Illusion, dass sie über kurz oder lang als solche enttarnt wird. Was folgt ihr?, lauert die bange Frage, vor der sich viele von uns drücken.

44

Das Vordringen des Menschen in die natürliche Umwelt ist oft ein aggressives Verhalten und daher besser als Eindringen zu bezeichnen. Es verschafft zwar einen begrenzten Nutzen, doch ohne ökologische Verantwortung schadet der Mensch auf Dauer sich selbst.

Wer Autoreifen im Wald deponiert, ist zwar momentan die Sorge los, überträgt sie aber auf künftige Generationen, welche die Aufgabe zu lösen haben, derer sich dieser Mensch ad hoc entledigt hat. Solange individuelle Taktik die kollektive Strategie überwiegt, schwebt das menschliche Kollektiv in Gefahr, wie beispielsweise bei der Nutzung der Atomenergie.

45

Menschen lieben es, ihr Revier zu markieren. Da die Methode der Hunde, dies mit Duftmarken über den Urin zu erledigen, wenig gesellschaftsfähig ist, tun Menschen dies, indem sie Artefakte mit hohem Signalgehalt aufstellen (z. B. Gipfelkreuze).

Diese Signale können religiöser Art sein oder säkulare Status-symbole. Stets sind sie irrational konnotiert, meist wird damit Besitz demonstriert. Menschen kommunizieren ebenso auf diese Weise. Wie eine Textur durchzieht diese Art der Kommunikation die Landschaft.

46

Die Welt des Menschen und die seiner Umwelt greifen wie dia-lektische Zahnräder ineinander. Die Natur (These) hat im Rah-men ihrer Evolution den Menschen (Antithese) hervorgebracht, dessen Aufgabe nunmehr darin besteht, zur Synthese zu finden.

Dazu muss er seine Wahrnehmung dafür schärfen, dass der gesamte Planet Erde ein in sich geschlossenes System bildet, das er nicht ungestraft missachten darf. Durch den rasanten Klima-wandel stellt das System Erde dem Schädling Mensch bereits deutlich die Rute ins Fenster. Bilder, Metaphern und Symbole mit hoher Konnotation könnten dabei eigentlich recht hilfreich sein. Doch versagt hier ein Gott, der die Hybris der Menschen abseg-net, und sie sogar beauftragt, sich die Erde untertan zu machen. Wenn gelegentlich von Gaia gesprochen wird, nähern wir uns der Sache schon viel eher.

47

Im ländlichen Lebensraum dominiert die Biosphäre, im urbanen der Mensch mit seiner Technosphäre. Der Umstand, dass viele Menschen aufs Land zur Erholung oder auf Urlaub fahren, zeigt auf, dass der urbane Mensch auf Dauer seiner natürlichen Grundlage beraubt wird und des Ausgleichs bedarf.

Überzogene Urbanisierung untergräbt die soziale Natur des Menschen und seine Gesundheit. Gesundheit entsteht nur durch Homogenisierung der eigenen Lebenswelt mit den natürlichen Rahmenbedingungen. Auf diesem Humus können wir Menschen unser soziales Potenzial entfalten als Ausdruck sozialer Gesundheit. Im Grunde sind wir Menschen gute Wesen, aller Attentäter, aller Bomben, Kriege und sonstiger Gräuel zum Trotz. Soviel Urvertrauen in unser innerstes Wesen dürfen, ja müssen wir sogar setzen.

48

Jedes Lebewesen braucht mal mehr, mal weniger Raum um sich, damit es sich seiner Natur gemäß entfalten kann. In der Verhaltensbiologie unterscheidet man zwischen Kontakt- und Distanztieren. Zu den Kontakttieren zählen etwa Schweine, zu den Distanztieren z. B. alle Raubtiere und die Menschen.

Ballungszentren haben tendenziell zur Folge, dass der naturgegebene günstigste Abstand unterschritten wird, und sind somit der sozialen Natur des Menschen abträglich. Dies entspricht einer permanenten Verletzung des sozialen Habitus. Aufenthalte in der freien Natur heilen.

49

Die nomadische Lebensweise bis vor ca. zehntausend Jahren bot ausreichend Raum, sowohl für das Individuum, als auch ganz besonders für das Kollektiv. Die herumwandernden Stämme trafen sich gelegentlich, zogen aber weiter, bevor echte Konflikte entstanden. Mit der sesshaften Lebensweise änderte sich das fundamental. Konflikte um Grund und Boden entstanden, weil das Überleben der Menschen davon abhing, wie sehr sie die Ressourcen der Erde nützen konnten.

Sesshafte Menschen sind kriegerisch und entfalten damit ein Stück ihrer Natur. Sie schärfen das Bewusstsein für Mein und Dein, wer zur Gruppe gehört und wer außenstehend ist. Daraus resultierten unzählige Konflikte, die oft genug in Krieg, Mord und Totschlag mündeten. Ihr hässliches Gesicht grinst uns täglich aus den Nachrichten im Fernsehen entgegen.

50

Die Menschen folgten ihrer kooperativen Veranlagung, wenn sie sich in Sippen arbeitsteilig organisierten. Das hat die Menschheit zur erfolgreichsten Spezies dieses Planeten werden lassen.

Die Gruppen wurden komplexer, der Primärgruppe (Familien) folgten zahlreiche Sekundärgruppen (Stämme, Clans, Freunde, Bekannte, berufliches Umfeld) und Aggregate (zufällige, kurzfristige soziale Konstellationen z. B. bei einem Kinobesuch, einer Schiffsreise, oder Demonstration). Diese Ausdifferenzierung endete in den Megacities unserer Tage.

51

Irgendwo auf diesem Wege kippte die Dynamik. Der natürliche Raum, den jeder Mensch genauso um sich braucht, wie unsere Vorfahren zur Dämmerung der Menschheit, wird permanent unterschritten.

Der Dominanz von Aggregaten im modernen urbanen Leben steht die Verkümmerung der Primärgruppe diametral gegenüber. Wie widersprüchlich angesichts des Umstandes, dass wir so zusammengedrängt leben wie noch nie in der Geschichte! Wir lassen uns zur Rushhour dicht gedrängt in Bussen, Straßenbahn und U-Bahnen transportieren und werden dabei von wildfremden Menschen angerempelt. Das schier unerträgliche Geschubse an einem Einkaufswochenende im Advent lässt Menschen mit einem gesunden Empfinden für Nähe solche Zeiten und Orte meiden. Wir finden uns zu einer Nähe gezwungen, die eigentlich der Primärgruppe vorbehalten ist.

52

An allen Ecken und Enden werden Menschen zusammengeballt, sei es während der Stoßzeit in der U-Bahn, sei es, dass wir mithören müssen, wenn die Nachbarn die Klospülung betätigen, im Kinosaal oder im Gedränge der Einkaufszentren.

Unbewusst versucht der moderne Mensch die Missachtung seines Freiraumes mit Rückzug zu kompensieren. Das darf nur eine temporäre Maßnahme sein, soll sie nicht zur Neurose ausarten. So erklärt es sich, wenn Menschen inmitten zahlloser anderer leben und trotzdem einen einsamen, freudlosen Weg gehen.

53

Die grundlegend paradoxe Situation moderner Menschen: Während die Primärgruppen vernachlässigt werden, erleben wir Aggregate so präsent wie nie zuvor. Diese können jedoch die emotionale Tiefe der Beziehungen in der Primärgruppe nicht bieten und andererseits wird den Menschen eine Nähe aufgezwungen, die mehr der Primärgruppe entspricht. Das einzige Angebot der Gesellschaft besteht darin, die fehlenden Primärgruppen durch Aggregate zu substituieren. Das jedoch befriedigt das Individuum letztlich zu wenig, hinterlässt es auf Dauer in der Isolation und generiert Langzeitfolgen für das Kollektiv.

Auf diese Weise entstanden zwei Pole, zwischen denen die Menschheit mehr schlecht als recht hin- und hermanövriert. Und neuerlich erblicken wir ein dialektisches Geschehen, das seiner synthetischen Auflösung harrt.

54

Reiche Leute beanspruchen viel Raum: Fürstlich angelegte Villen, allenfalls ein Landsitz im englischen Stil, jede Menge Grund, penibel betreut rundum. Mit blitzblank geputzten Zähnen residieren selbst der neue Rolls Royce des alten Herren und der Lamborghini der Schwiegertochter in der Garage. Fröhlich plantscht man des Sommers im Swimmingpool. Security Guards sorgen dienstbeflissen für den Abstand zu Besuchern und Nachbarn.

Die Masse der Bevölkerung wird in Wohnsilos zusammengepfercht. Desgleichen muss man sich einen gesunden, naturnahen Lebensstil leisten können. Die meisten Menschen tun das nicht.

55

Schon der Blick auf die Geschichte der Baumaterialien seiner Behausungen illustriert den Weg des Menschen: Dem Holz früher Tage folgte der Stein. Heute umgeben wir uns mit Beton, Stahl, Aluminium und Glas. Vom Lebendigen zum Toten. Wie heimelig knistern die Buchenscheite im Lagerfeuer, verbreiten mühelos Behaglichkeit und wie ungesund ist die Trockenheit der Fernwärmeheizungen unserer Wohnsilos?

Wir Menschen wären gut beraten, für Ausgleich zu sorgen. Darum bemüht sich z. B. die Baubiologie seit den 60er-Jahren. Der Nutzen aus ihren Erkenntnissen bleibt jedoch reichen Menschen vorbehalten. Die allermeisten von uns leben in bautechnischen Verhältnissen, deren Basis als obsolet gilt; Stichwort: sozialer Wohnbau. Im Interesse der Gesundheit breiter Bevölkerungsschichten ist es unumgänglich, die modernen baubiologischen Grundlagen allen Menschen zur Verfügung zu stellen.

56

Die Gründe, warum Ballungszentren entstehen, lassen sich im Kern auf wirtschaftliche Interessen rückführen, sprich, höhere Chancen auf Arbeit einerseits, sattere Gewinne andererseits.

Die Möglichkeiten zu mehr sozialen Kontakten und mehr kultureller Vielfalt sind sekundäre Nutzeffekte. Die Wirtschaft sozial verträglicher zu organisieren ließe den Menschen mehr Freiheit, sich zu entfalten. Je mehr sich Ballungszentren verdichten, desto weniger entspricht das Leben der menschlichen Natur. So entwickeln sich Mergacities zu sozialen Krebsgeschwüren.

57

Die größte Triebkraft in der Wirtschaft ist die Gier einiger Weniger. Sie schafft Unternehmen, Arbeitsplätze, Konkurrenz, Konzerne und läßt diese wieder untergehen. Die Interessen des Gemeinwohles werden zusehends marginalisiert, obwohl sie sich als dringlicher denn je erweisen.

Der Drang des Menschen in der Steinzeit nach Grundbesitz, hat sich in die Chefetagen verlagert und nennt sich dort Gewinnoptimierung. Archaisches Verhaltens wurde zivilisatorisch veredelt, besser gesagt getarnt. Man versteckt sich hinter einer distinguierten Sprache, die von Marketing und Trends redet, auf Statistiken zurückgreift und auf ein Vokabular aus der Betriebswirtschaftslehre. Masken sind es, nichts als Tarnungsmuster, hinter denen die brutale Fratze zutiefst persönlicher Raffsucht lauert.

58

Wenn die Buchhalterin nach raffinierten Möglichkeiten sucht, die Bilanz steuerschonend abzuschließen, tut sie das, wofür sie ausgebildet wurde und wofür sie bezahlt wird: Sie bedient die Habgier des Arbeitgebers. Wenn eine Verkäuferin freundlich zu den Kunden ist, will sie erfolgreich verkaufen und bedient die Gier ihres Arbeitgebers. Ist dieser durch seine Verkäuferin erfolgreich, lässt er sie am Erfolg mitnaschen, indem er ihr das Gehalt überweist.

Freilich entspricht die Gegenleistung nicht ihrer Leistung, eine Differenz, die den Arbeitgeber immer noch reicher macht. Zum Schluss häuft er den Gewinn in einer Steueroase wie die vierzig Räuber ihre Edelsteine in der Höhle, die Ali Baba öffnete.

59

Purer Habgier ist es zu danken, wenn wir dem folgenschweren Gegensatz zwischen Arm und Reich gegenüberstehen. Er polarisiert die Gesellschaft so lange, bis das Gummiband der Solidarität von Mensch zu Mensch reißt. Der Unterschied zwischen Arm und Reich ist die Urmutter aller sozialen Probleme. Dieses Ungeheuer gebiert extreme Weltsichten, religiöser und politischer Natur. Die täglich erfahrene Ohnmacht will kompensiert sein.

Ein Blick in die Tierwelt zeigt zwar, dass jede Herde hierarchisch strukturiert ist, aber: Wenn (nach einer Oxfam-Studie 2017) acht Menschen mehr Vermögen besitzen als die halbe Menschheit, ist dies ein widernatürlicher, höchst erklärungsbedürftiger Zustand. Dieser ist die Folge des Umstandes, dass sich Geld zur Ware machen lässt. Geld hingegen ist eine Errungenschaft der Zivilisation, das kein Äquivalent im Tierreich hat.

60

Insbesondere haben die in der Rangordnung zu oberst stehenden Tiere klare, abgegrenzte Aufgaben in der Gruppe und sind deswegen wichtig für den Erhalt der Art an sich und der Gruppe im besonderen. Letztlich dienen sie dieser. Davon abgesehen grast der Leithirsch auf derselben Weide wie alle anderen.

Die sozialen Eliten sind zur Gefahr für die Spezies Mensch geworden. Es sind Vampire auf Kosten jener, die am anderen Ende der sozialen Skala zu Zombies mutiert sind. Derartiger Reichtum ist eine karzinöse Erscheinung menschlicher Zivilisation. Dieser Zustand schreit förmlich nach einer Therapie.

61

In unsere Sprache ist es grammatikalisch korrekt, wenn wir den Satz formulieren: *„Natürlich gibt es superreiche und bitterarme Menschen."* Dessen ungeachtet handelt es sich um einen unreflektierten Sprachgebrauch, weil sich dieser Status eben mitnichten aus der Natur ableitet. Es sollte besser heißen: *„Klar gibt es Reiche und Arme"* oder: *„Schon immer gab es reiche und arme Menschen."*

Die Verwechslung von Selbstverständlichkeit mit Natürlichkeit ist ein fataler Irrtum, der unserem Gefühl für das Natürliche im Wege steht. Hier gilt es, unsere Wahrnehmung zu schärfen. Das Natürliche leitet sich aus der Natur ab, das Selbstverständliche aus der kollektiven Gepflogenheit. Weiters ist es selbstverständlich, wenn Selbstverständliches oft genug dem Natürlichen diametral entgegengesetzt ist.

62

Eliten verweisen gerne auf etwas, was sie als Natur verstehen, um ihre Privilegien zu rechtfertigen. Die sozialen Strukturen reflektierten natürliche Gegebenheiten. Natur und Leistung werden als typische Argumentationen gebraucht, besser gesagt missbraucht. Auf Armut hingewiesen legt man allenfalls achselzuckend eine gefällige Formulierung nach, die Bedauern zum Ausdruck bringen soll. Öfter noch diffamieren reiche Menschen Kritik als Neid. Die Psychologie spricht von Selbstschutzmechanismen.

Wo es einen Gebrauch gibt, lauert der Missbrauch um die Ecke. Missbrauch entfernt uns von unserer Natur als moralisch integre Wesen.

63

Die Unersättlichkeit der Privilegierten hat einen fundamentalen Konflikt manifestiert: Konkurrenzprinzip versus Kooperationsprinzip. Das Konkurrenzprinzip zu dämpfen würde das Gemeinwohl stärken und uns damit ein überlebenswichtiges Stück ihrer ursprünglichen Natur zurückgeben. Alle Menschen haben dieselben Bedürfnisse und dasselbe Recht, dass diese Bedürfnisse bedient werden. Sämtliche Menschenrechte postulieren dies unermüdlich, doch die Posaunen vor Jericho verhallen.

Somit erkennen wir die größte Aufgabe des menschlichen Kollektives. Das Gemeinsame steht über dem Trennenden, das Individuum hat sich dem Kollektiv unterzuordnen.

64

Soziale Ungleichheit hat sich zur Herausforderung unserer Zeit schlechthin entwickelt. Sie stellt einen unnatürlichen Zustand dar, welcher, gleich einem antiken Ungeheuer, extreme Weltanschauungen, Radikalismen aller Art gebiert. Wir stehen vor der Pforte zur Hölle, die Bomben, Terror und Hass ausspeit. Es sind neurotische Manifestationen, zu denen der Neoliberalismus ebenso zählt. Auch er schöpft aus der unheilvollen Quelle der sozialen Ungerechtigkeit, obschon die wenigen Gewinner, die er hervorbringt, unermüdlich die Trommel zu seinen Ehren schlagen.

Vor der Beseitigung der extremen sozialen Schieflagen gibt es keine echte Heilung. Weder für den Menschen selbst, noch für die Umwelt, welche von der gleichen Gier ausgebeutet wird. Der globale Kahlschlag zugunsten der Eliten muss ein Ende finden.

65

Meist erscheint menschliche Raffsucht ebenfalls als Antriebsenergie für Kriege: Gier nach Macht, Rohstoffen, strategischen Positionen, Dominanz auf Märkten usw. Während die Gier lediglich den konkreten Anlass für Kriege darstellt (Konfliktanlass), ist deren eigentlicher Quell (Konfliktursache) der Umstand, dass der Mensch keine natürlichen Feinde mehr hat. Diese erfüllen in der Natur die Funktion, die Population zu regulieren.

Der Mensch ersetzt sich unwissentlich diesen Feind selbst. Er tut es mit erschreckender Brutalität, wie es uns aus sämtlichen Nachrichten entgegengeschleudert wird. Folglich hat eine wirksame Bekämpfung des Phänomens Krieg die globale Geburtenkontrolle zur Voraussetzung. Die archaischen Regulative müssen durch zivilisatorische ersetzt werden.

66

Es mag zynisch erscheinen, Krieg als natürliches Geschehen darzustellen, doch handelt es sich vielmehr um einen illusionslosen Blick auf das Faktum, dass Natur nicht nur Leben hervorbringt, sondern genauso verschlingt.

So verständlich es ist, wenn sich der schnurrende Schmusekater im Fotoalbum attraktiver macht als das Raubtier, dem ein Mäuseschwanz aus dem blutverschmierten Maul hängt, bleibt es dennoch Romantik. Indiens Göttin Kali bringt dies bestens zur Geltung. Als Muttergottheit gebiert sie wohl Leben, doch damit sie dies tun kann, muss sie zwischendurch wieder Leben nehmen; gleich Ebbe und Flut atmet die Göttin ein und aus.

67

Wir haben uns angewöhnt, die Begriffe Natur, natürlich, usw. positiv zu besetzen. Das klingt nach Friede, Freude und wir sind ja alle so lieb und nett zueinander. Grausamkeiten, Ungerechtigkeiten bleiben im toten Winkel. Der vorurteilslose Blick in jeden Gemüsegarten offenbart jedoch gänzlich anderes: Es ist ein einziges Fressen und Gefressenwerden. Am Beginn jeder Nahrungskette steht das Licht, welches durch Photosynthese ins planetare Leben eingespeist wird. Danach ernährt sich das Leben zum überwiegenden Teil von sich selbst und dies ist notgedrungen gewalttätig.

Wer glaubt, er stünde außerhalb dieser Kausalität, betrügt sich selbst. Allerdings sind Lebewesen mit einem reflektierenden Bewusstsein in der Lage, ihre Natur weiterzuentwickeln, im Idealfall zu veredeln. Im schlechteren Fall lauert die Degeneration.

68

Als furchtbarste Waffe haben sich in der Kulturgeschichte des Menschen weder Stinger-Raketen noch Kanonen, Atombomben oder Giftgas erwiesen, sondern das Geld.

Geld ist das Instrument, mit dem mächtige Unternehmen die schwächeren Konkurrenten ausschalten, mit dem die Reichen auf Kosten aller anderen leben. Es ließ in Äthiopien Gottkönig Haile Selassies Hunde aus goldenen Schüsseln fressen, während unter seinem Volk die Hungersnot wütete. Es entfachte die Wut des Volkes in der Französischen Revolution und ließ das blaue Blut in Strömen von der Guillotine fließen. Geld – Segen für einige Wenige, Fluch für Viele.

69

Weil Geld auch eine Ware ist (Bankwesen) wird eine Dynamik in-
itialisiert, die dem Magnetismus entspricht: Es ballt sich auf Kosten der Umgebung zusammen. Am Ende landen wir bei der Bibel
(Matthäus, 13:12): *„Denn wer da hat, dem wird gegeben, dass er die Fülle
habe; wer aber nicht hat, von dem wird auch das genommen, was er hat."*
Unabhängig von theologischen Interpretationen, leitet sich in
der Soziologie von dieser Bibelstelle der sog. Matthäus-Effekt ab.
Hier liegt die Wurzel der Oligarchisierungstendenz in der Gesellschaft. Ungeniert lassen sich die Eliten in ihren Luxuskarossen
champagnerschlürfend am Bettler vorbeikutschieren, der im öf-
fentlichem Mistkübel nach Zigarettenkippen wühlt. Welches Ungeheuer reißt hier sein Maul auf, wessen Natur offenbart sich?

70

So sehr das Prinzip vom Fressen-und-Gefressen-werden und die
Gewalt in der Natur uralte Binsenweisheiten sind, so hartnäckig
bemühen wir uns, wegzusehen. Wer will schon die Schattenseiten
unserer Natur wahrhaben? Wir sind Meister darin, uns in den eigenen Sack zu lügen, penibel bedienen wir uns einer beschöni-
genden Rhetorik. Wir sprechen beispielsweise von Mitbewerbern
statt von Konkurrenten, wenn es um die Wirtschaft geht.
Wie sagte Lao-Tse in seinem *„Tao te king"*?: *„Wahre Worte sind
nicht schön, schöne Worte sind nicht wahr."* Nur die schonungslose,
aufrichtige Sprache wird uns zu uns selbst führen. Jede andere
hinterlässt uns im Irrgarten des Selbstbetruges, als Beute der Fa-
tah Morgana, gewoben aus unseren Wünschen und Illusionen.

71

Der romantisierende Blick auf die Natur ist groß in Mode gekommen, vor allem dann, wenn er bauernschlau mit der Geschäftstüchtigkeit kopuliert. Aus diesem Hochzeitstanz greifen die begehrlichen Tentakel wirtschaftlicher Interessen und stellten diverse Marktnischen auf solide kaufmännische Grundlagen: Esoterik, Wellness, Bio, Veganismus, etc.

Überdies steht uns nach wie vor schmerzvoll vor Augen, dass die wüsteste Barbarei in Nazideutschland mit natürlichen Prinzipien, besonders dem Recht des Stärkeren, gerechtfertigt wurde. Zur moralischen Verpflichtung von Lebewesen mit einem reflektierenden Bewusstsein gehört die Veredelung rein triebhaften Verhaltens. Natur erreicht mit den Möglichkeiten der Menschheit eine neue spirituelle Qualität. Diese beginnt damit, dass wir uns der Verantwortung stellen.

72

Zu den vornehmsten Aufgaben des reflektierenden Bewusstseins gehören: zurückblicken, analysieren, vorwärts blicken und Strategien entwerfen, dazwischen sich taktisch verhalten und Vertrauen zulassen. Liebend gerne würde ich noch Stil und Würde ergänzen, doch führten derlei Erwägungen zu weit weg vom Thema.

Die Verhaftung im Urig-Vitalen, in der Archaik, weit zurück in seiner evolutionären Vergangenheit, eine ungewisse Zukunft an einem Horizont, der wie eine Schimäre gleichermaßen lockt und sich entzieht – irgendwo auf dieser fragilen Reise finden wir Menschen zu Würde und Aufgabe. Oder wir scheitern.

73

Wenn sie nicht psychisch deformiert sind, sind Menschen im Innersten moralisch orientierte, „gute" Wesen. Moralisches Verhalten ist im Stammhirn verankert. Dieses beruht weniger auf philosophischen Erwägungen oder frommer Einsicht sondern darauf, dass es dem Überleben der Art dienlicher ist als unmoralisches. Es ist überflüssig, den Menschen einen strafenden Gott als Drohung vor die Nase zu halten. Ein solcher entfaltet seinen eigentlichen, durchaus pragmatischen Sinn, wenn es darum geht, einer privilegierten Kaste die soziale Vormachtsstellung zu legitimieren.

Böses ist in den Menschen antithetisch angelegt, damit sie im dialektischen Prozess These – Antithese – Synthese zuerst Bewusstsein ausbilden und dann über sich hinauszuwachsen vermögen. Eine notwendige Transformation im Gefüge immerwährender Evolution.

74

Die unerschütterliche Überzeugung vom Guten im Menschen entfaltet dann ihre größte Impulskraft, wenn sie mit einer Besinnung auf dessen natürliche Basis vereint wird. Am Ende dieses Tunnels erblicken wir im menschlichen Verhalten ein vielschichtiges Konglomerat aus Gut und Böse, ein, dem evolutionären Überleben dienliches oder hinderliches Verhaltensmuster.

Dies versetzt uns in die Lage, im Sinne eines reflektierenden Bewusstseins alle Aspekte zu transzendieren. Das wiederum entspricht unserer Natur. Und darum ist es gut so und verlangt nach keiner zusätzlichen Legitimierung.

75

Auch wir Menschen sind ein Stück Natur. Wir verdienen es, geschützt zu werden, wenn es sein muss, vor uns selbst. Wer an eine Naturschutzorganisation spendet, wer im Wald ein Vogelhaus an einen Baum hängt, oder des Winters Futter auf dem Balkon platziert, tut letzten Endes genau das: Er rettet den Menschen vor sich selbst.

Ob das reichen wird, ist eine andere Frage. Dennoch liegt das Paradoxon darin, dass (perspektivisch gesehen) die Lösung gerade im Unspektakulären liegt. Wenn Aktivisten von Greenpeace mit ihren Booten die Arbeit der Walfänger behindern, sind diese spektakuläre Aktionen lediglich ein Hinweis auf das Problem. Der Lösung näher kämen wir, boykottierten wir den Kauf von Walfleisch auf den norwegischen oder japanischen Fischmärkten.

76

Man sollte meinen, wir modernen Menschen hätten kein Problem mit der Natur. Wird nicht überall natürliche Kosmetik angeboten, suchen wir im Regal der Supermärkte nicht das Angebot an Bio-Lebensmitteln? Mit plakativer Natürlichkeit wird allenthalben das beste Geschäft gemacht. Erfolgreiches Marketing dockt gerade an die Idee der Natürlichkeit am leichtesten an.

Dennoch ist die zunehmende Distanz des Menschen zur Natur eine Alltagserfahrung, die sich zu Hause, im Beruf, im öffentlichen Verkehr, an allen Ecken und Enden aufzwingt. Klar und deutlich werden wir darauf verwiesen, dass wir mehr falsch als richtig machen.

77

Da geht jemand in den Dritte-Welt-Laden, kauft Bio-Schokolade, einen Fairtrade-Pullover aus Alpaca und ein Vollholzspielzeug. Als selbstbewusster Konsument weiß man, was Sache ist. Wir umgeben uns mit möglichst naturbelassenen Dingen in Ernährung, Kleidung, Freizeit usw., weil wir einen Mangel an Natürlichkeit in uns selbst empfinden. Wir kompensieren.

Das wird uns auf Dauer unbefriedigt hinterlassen. Solange das Haben das Sein überwiegt, greifen wir nicht die Ursachen des Problems auf und unser Handeln gleitet weiterhin entlang der oxidierten Leitplanken des Obsoleten in eine Zukunft, in der sich das Bedrohliche türmt. Dazu müssen wir nicht Erich Fromm (*„Vom Haben zum Sein"*) gelesen haben; ein vorurteilsloser Blick in die Abgründe unseres Alltags bestätigt den Grundsatz.

78

Was läuft falsch? Die Natur gehört der Sphäre des Objektiven an, was dem gegenwärtigen Paradigma der Sozialwissenschaften, dem Poststrukturalismus und Jacques Derridas Dekonstruktion diametral zuwiderläuft.

Die Dekonstruktion besagt im Kern, dass jeder Mensch letztlich in seiner eigenen Welt lebt, die für ihn wirklich ist, aber eben nur für ihn. Soziale und kulturelle Rahmenbedingungen sind Eckpfeiler dieser Weltsicht, nicht biologische oder evolutionäre Gegebenheiten – die Welt ist ein Konstrukt. Dieser Zugang wurde besonders hinsichtlich Geschlechteridentitäten aufgegriffen. Als Folge macht sich diesbezüglich Orientierungslosigkeit breit.

79

Daher vermeidet die (gebildete) Öffentlichkeit von Männlichkeit als einem natürlichen Status zu reden, sondern spricht von Männlichkeiten. Männliches Leben sei von diversen Faktoren abhängig, die sehr unterschiedlich seien. Ein pensionierter Banker in London lebe z. B. in einer anderen Welt als ein junger Migrant, frisch gestrandet in Italien. Dies gilt spiegelgleich vom Fraulichen.

Derlei Unterschiede führen angeblich so weit, dass das Männliche oder Frauliche in sich zerfasert. Das ist jedoch überzogen. Natürliche (biologische, medizinische, usw.) Bedingungen von unseren Begriffen vom Fraulichen und Männlichen so weit auszuklammern, führt zu fatalen Irrtümern. Die Gender-Medizin zeigt auf, wie fundamental biologische Unterschiede sind.

80

Die Gendermedizin widmet sich den Unterschieden von Symptomatik und Verlauf der Krankheiten bei Frauen und Männern. So etwa leiden Frauen im Vergleich zu Männern unter stärkeren Entzündungsreaktionen. Frauen werden häufiger als Männer wegen psychischer Erkrankungen behandelt, Männer hingegen mehr wegen Suchterkrankungen, besonders Alkoholismus. Die Darmflora zeigt bei Frauen ein anderes Bild als bei Männern, mit einer der Gründe, warum Medikamente bisweilen unterschiedlich wirken. Die Liste ließe sich fortsetzen.

Die Gendermedizin beweist, wie fundamental die Unterschiede zwischen den Geschlechtern und vice versa wie homogen diese sind. Es ist unerlässlich, dass wir Menschen uns nicht nur als solche begreifen, sondern darüber hinaus als Frau oder Mann.

81

Obwohl mit vielen wertvollen Einsichten beladen, schießt die Dekonstruktion weit übers Ziel hinaus. Wird doch letztlich die Existenz einer objektiven, von uns Menschen unabhängigen, Welt in Frage gestellt. Damit hat der bürgerliche Individualismus, beginnend mit dem ökonomischen Aufstieg des Bürgertums in der Neuzeit, seine bisher konsequenteste und radikalste Ausprägung erfahren. Psychologisch stößt sie den Menschen in das Stadium infantiler Egozentrik zurück.

Dabei überwiegen die Gemeinsamkeiten immer noch die Unterschiede. Soll unsere Weltsicht nicht endgültig in der Sackgasse des Solipsismus münden, müssen wir uns davon befreien.

82

In einer solipsistischen Welt gibt es keine Verbindlichkeiten, geschweige denn Normen. Nur das Ich existiert, der Mensch unterwirft sich niemandem und nichts. Sinnigerweise hat der Individual-Anarchist Max Stirner (1806 – 1856) sein Hauptwerk *„Der Einzige und sein Eigentum"* betitelt.

Jeder unbefangene Blick in die Natur offenbart Muster, Strukturen, Gesetzmäßigkeiten, kurz, objektive Gegebenheiten. Die Natur hat dies weder umsonst noch vergeblich so eingerichtet, sondern weil „es" (was immer „es" ist) nur so funktioniert. Sich davon abzukapseln, führt zu intellektuellen Sandkastenspielen, abseits des Realen, im grenzenlosen Freiraum des Fiktiven. Alles Fiktive evoziert alternative Welten, die sich vornehmlich in der Literatur niederschlagen. Nur dort sind sie berechtigt.

83

Derridas Dekonstruktion bedient die Eitelkeit des Menschen, seine Illusion, Herr oder Frau des Universums zu sein. Das hat vermutlich maßgeblich zum Erfolg dieser Weltsicht beigetragen. Wie weit sie uns führt, ist damit keineswegs gesagt.

Subversiv drängt sich die Gegenfrage auf: Wo und wie finden Menschen mit einer derartigen Wahrnehmungsbrille ihren Platz in der Natur? Sollten sie sich nicht besser als ein – im Grunde unbedeutendes – Rädchen in einem weitaus mächtigeren Gefüge erleben? Klarerweise bedient dieser Denkansatz unsere Eitelkeit weit weniger, sondern setzt Demut voraus.

84

Was lässt uns aufatmen, wenn wir im Frühling eine Wiese sehen, übersät mit blühenden Buschwindröschen? Oder wenn uns des Sommers die warmen Nadeln des Waldbodens am Fußballen kitzeln, von allen Seiten duftet es nach Harz? Was macht die Seele frei, wenn wir den Ruf eines Vogels hören, der am tiefblauen Himmel eines Herbsttages kreist? Was zaubert uns ein erwartungsvolles Lächeln ins Gesicht, wenn uns im Winter die im Schnee knirschenden Schritte der wärmenden Tasse Tee näherbringen?

Ist es nicht der Appell an unseren eigentlichen, nämlich sehr bescheidenen Platz in eben diesem großen Gefüge? Selbst wenn wir es kaum bewusst wahrnehmen, durchlaufen wir in der Natur einen Prozess der Regeneration, der Heilung.

85

Als wichtigsten Heilungsprozess hat die Natur für uns den Schlaf vorgesehen. Darin konzentrieren sich alle Wesen hochgradig auf sich selbst. Schlaf bedeutet den radikalen Rückzug von der Außenwelt, damit sich Körper und Gehirn harmonisieren können.

Das Phänomen bildet die Antithese zum wachen Leben, in welchem Lebewesen permanent mit der Außenwelt interagieren. Im dialektischen Wechsel zwischen den Polen Wachsein und Schlaf oszilliert unser Leben gleich Ebbe und Flut. Während wir im wachen Zustand die extravertierte Seite unseres Daseins leben, entfalten wir im Schlaf die introvertierte. Dies gleicht einem Ein- und Ausatmen des Lebens selbst.

86

Das Gefühl, loslassen zu dürfen, im Urvertrauen auf ein unsichtbares Netz, das uns auffängt, uns behutsam trägt vom einen Ende des Universums zum anderen ... Wer badete nicht gelegentlich wohlig darin? Im Wissen um das letztendliche Mysterium eines Universums, das deswegen nicht bedroht, sondern die menschliche Neugierde augenzwinkernd mit immer neuen Überraschungen bedient.

Wie wohltuend ist die tiefe, sinnliche Erfahrung der Natur, als Ergänzung, als Humus, auf dem wir Menschen Menschen sein und bleiben dürfen. Weil wir wertvoll sind.

87

Zum ureigensten Wesen der Menschen gehört es, zu kommunizieren, wobei dieser Wesenszug an Breitenwirkung immens zugenommen hat. Ganze Wirtschaftszweige haben sich zu diesem Thema etabliert. Ähnlich den Monolithen der Vorzeit stehen ein paar wenige Unternehmen und deren Protagonisten in der Landschaft unseres Lebens: Microsoft, Bill Gates, facebook, twitter, Steve Jobs, usw. Die Hohepriester des Erfolges.

Von der reinen Face-to-Face-Kommunikation uralter Tage über das geschriebene Wort (Briefe, Bescheide, etc.), welches in der Antike begonnen hat, sind wir aktuell imstande, beliebig global via moderner Medien zu kommunizieren. Wir tauschen sogar mit unseren Artefakten, z. B. Satelliten und Raumsonden, die unser Sonnensystem bereits verlassen haben, fleißig Daten aus.

88

Geschwindigkeit, Reichweite und Volumen unseres Informationsaustausches haben ein Ausmaß erreicht, wie noch nie in der Geschichte der Menschheit. Es wundert wenig, wenn wieder einmal die Quantität auf Kosten der Qualität geht. Der kommunikative Schrott und das Geplapper sind allgegenwärtig. Wie eben meistens macht es die Menge ja nicht. Ganz im Gegenteil führt die alltägliche Informationsmenge zu einer Reizüberflutung und wird vielfach schon als tyrannisch empfunden.

Sich dagegen wehren zu können ist jedoch ein Privileg. Der Chef kann seiner Sekretärin anordnen, die nächste halbe Stunde nicht gestört zu werden, diese muss verfügbar bleiben.

89

Wer den Wunsch verspürt, sich gelegentlich abzuschotten, beweist, dass er noch den Takt der Natur allgemein und seiner eigenen im Besonderen wahrnimmt. Selektive Filter (wie etwa der Spam-Filter bei den E-Mails oder die Vorauswahl der Fernsehsendungen anhand der Programmübersicht) helfen entscheidend. Diese Instrumente haben sich als geradezu psychohygienische Maßnahmen herauskristallisiert.

Wem dies nicht genug erscheint, dem sei die Rückkehr zum Wesentlichen empfohlen, beispielsweise einer Amsel frühmorgens zuzuhören oder den geliebten Partner in die Arme zu nehmen und ein paar harmlose Schweinereien ins Ohr zu flüstern.

90

Und so tragen die Menschen die Fackel der Erkenntnis in die Wildnis. Im Wissen über ihre Natur sollen sie über die Oberfläche des Planeten Erde schreiten und bewahren, was wertvoll ist.

Um sich ihrer selbst nicht verlorenzugehen, mögen sie Bücher schreiben. Diese sollen der Erinnerung dienen, diese verleihen den so dringend benötigten Halt. Während die Wege, die viele Bücher weisen, trügerisch sein können, liest am Ende jeder Mensch im Buch seines eigenen Lebens. Dieses hingegen sagt immer die Wahrheit. Die Frage bleibt, ob wir sie verstehen.

Nachwort

„Wir leben in einem gefährlichen Zeitalter.
Der Mensch beherrscht die Natur, bevor er gelernt hat,
sich selbst zu beherrschen.“

(Albert Schweizer, 1879 – 1955)

Duanna Mund

www.birgitwinkler.at

Weitere Titel

Rot wie die Hoffnung (Roman)
184 Seiten, gebunden, BoD, € 15,80
ISBN 9783743151413

Kopfkino: Nachtverhangen (Gedichte und Kurzprosa)
215 Seiten, gebunden, BoD, € 17,99
ISBN 9783842377769

Neuseeland / Haere Mai (Reiseerzählung)
176 Seiten, Taschenbuch, BoD, € 8,49
ISBN 9783734725722

Himmelszeichen (Gedichte)
104 Seiten, Taschenbuch, Eigenverlag, € 9.-
ISBN 9783950279542

Anton Christian Glatz

www.antonchristianglatz.at

Texte mit Pfiff

„Ich schreibe, also bin ich."

Weitere Titel

Ein Stein reist durch die Zeit (Kurzgeschichten)
216 Seiten, gebunden, BoD, € 15,90 ISBN 9783741253645

Am Ende aller Wege (Fantastische Erzählung)
268 Seiten, gebunden, BoD, € 17,90 ISBN 9783743180222

Haikiki (Sciencefiction-Erzählung)
200 Seiten, gebunden, BoD, € 15,90 ISBN 9783734764929

Ein Hund tritt in den Saal (Fantastischer Roman)
388 Seiten, gebunden, BoD, € 18,90 ISBN 9783839124109

Tarot – Ich ging den Weg des Narren (Workshop zum Tarot)
248 Seiten, gebunden, BoD, € 17,90 ISBN 9783839199343

Ein See aus tausend schwarzen Tränen (Erzählung)
248 Seiten, gebunden, BoD, € 17,90 ISBN 9783743180239

Die Dunkelfrau will herein (Literarische Rhapsodie)
268 Seiten, gebunden, BoD, € 16,90 ISBN 9783739202648

Die stählerne Faust (Sciencefiction-Erzählung)
264 Seiten, gebunden, BoD, € 16,90 ISBN 9783738644692

Reichengasse (Essays)
308 Seiten, gebunden, BoD, € 17,90 ISBN 9783842371422